Eduard Wagner 2017

Prefazione

Puoi vederlo come vuoi: sono queste memorie o è solo una sequenza di eventi nella mia vita. Vorrei dire che nel momento in cui l'ho sperimentato, ho creduto che fosse corretto. Non avevo quasi nessun consiglio da parenti o amici sul fatto che fosse la cosa giusta da fare o meno. Ma era sempre una questione se ne avrei tenuto conto. Certo, nel corso delle pagine seguenti ci sono sempre luoghi in cui sono al limite della legalità. Ma poiché questi sono stati un po' di tempo fa e personalmente sostengo ciò che ho fatto o non ho fatto allora, non vedo alcun problema se sorgono queste conseguenze. Se questa è una vita soddisfatta o felice non dipende da me, ma dal lettore, ma alla fine trarrò una conclusione.

Famiglia 1970

Dicembre 1959 casa dei genitori

Alla fine del 1959 ho visto la luce a Vienna, anche se ero lì ma a malapena riesco a ricordarmelo. È venuto come il secondogenito, mio fratello aveva già 6 anni in una famiglia sveva del Danubio. Per spiegare le mie origini: alla fine della seconda guerra mondiale, i miei genitori furono espulsi da quella che oggi è la Serbia dai partigiani sotto tiro e le loro vite furono minacciate. Poiché appartenevano al gruppo di etnia tedesca (svevi danubiani), la loro lingua madre era il tedesco, il che significa che potevano parlare anche il serbo-croato. I loro antenati erano attualmente insediati da Prinz Eugen nell'allora Jugoslavia per rafforzare le infrastrutture lì, cosa che sono riusciti a fare. Nel tumulto della seconda guerra mondiale furono poi cacciati dai partigiani sia del nord che del sud con la minaccia della loro vita. A questo punto avevano raggiunto prosperità e reputazione, dove non c'era alcuna ostilità tra gli jugoslavi che vivevano lì e la popolazione di lingua tedesca. I miei genitori e le loro famiglie furono accolti nel 1944 con le parole: Che ci fai lì? Perché parli così bene il tedesco? Sgattaiola verso casa. Allora era solo l'accoglienza degli "stranieri". Oggi non si può più immaginare. Bene, torniamo a me. Ho avuto un'infanzia facile, almeno fino all'età di 10 anni. Mio padre svolgeva il suo mestiere, che aveva già imparato in Serbia, e mia madre era, come si usava ancora allora, una casalinga. Per quanto mi permettevano i mezzi dei miei genitori, ho preso di tutto, dai giocattoli alle biciclette e simili. In estate andavo ogni anno in una pensione nel sud della Bassa Austria con mio fratello e mia madre per due o tre settimane. Mio padre, poiché doveva lavorare durante la settimana per motivi economici, è venuto da noi venerdì in motorino ed è rimasto fino a domenica. Va notato che mio padre ha preso la patente solo nel 1972. In quel periodo conobbi anche una famiglia che abitava vicino alla pensione. C'erano due figlie in questo, una di cinque anni più giovane e l'altra di un anno più grande. Significa che il più grande mi ha già incontrato con i pannolini.

Scuola di settembre 1966

Inizio della mia carriera scolastica. Alle elementari ero in una classe maschile. Una laureata dell'allora Pädag si presentò come insegnante. Aveva circa 25 anni ed era una bella donna per quanto potevo dire a quell'età. Ricordo ancora un aneddoto che mi ha scioccato parecchio all'epoca. All'inizio dei miei giorni di scuola sono andato da mia madre e le ho detto quanto segue: Tu, madre, l'insegnante ha dipinto le sue dita di un rosso vivo. Come puoi fare una cosa del genere? Lo sfondo era che l'insegnante Ulrike si era solo dipinta le unghie, cosa non ancora comune per me all'epoca. Penso che mia madre si sia voltata di lato in quel momento e probabilmente abbia dovuto sorridere, poi mi ha spiegato di cosa si trattava. Beh, mi sono diplomata alle elementari con ottimi voti, a parte pittura e disegno. Ma avevo anche rispetto per la "maestra", che puniva le offese con lo "stare all'angolo". La strada per la scuola, allora tutto era ancora a piedi, era sempre una sfida, perché c'erano sempre uno, due o tre colleghi di scuola con cui ci si poteva destreggiare sul marciapiede.

Settembre 1970 liceo

Dopo aver continuato a sognare il lavoro dei sogni "dottore" a questa età e il mio certificato di scuola elementare era di conseguenza, i miei genitori mi hanno registrato nel distretto vicino al liceo. Nel 1969 mio padre aveva restituito la licenza commerciale per la riparazione di bottiglie di acqua gassata perché non era più redditizia e successivamente si era rivolto a un nuovo lavoro, ovvero la vendita di quotidiani. Ciò significa che ha venduto il più grande giornale del nostro paese come colportore la sera fino alle 23 circa su uno stand. Dato che questo era a metà redditizio, anche mia madre iniziò a vendere giornali. Con questo hanno potuto risparmiare un sacco di soldi nel corso degli anni, entrambi, io e mio fratello, il benessere non è stato trascurato. Ebbene, adesso frequentavo la prima elementare del liceo umanistico. Il lunedì c'era sempre matematica e inglese uno dopo l'altro. Beh, è andata a metà per un po', ma dopo un po' mi sono ammalato e i miei genitori mi hanno scritto una conferma che ero malato. Ma poiché il personale docente non mi ha preso questo foglio, l'ho tenuto. Adesso il lunedì con l'inglese e la matematica mi è diventato sempre più ripugnante, così mi è venuta l'idea di andare "blu" l'uno o l'altro lunedì e non andare a scuola. Ho quindi prodotto la conferma che ero malato io stesso con la firma dei miei genitori. Siccome si trattava per lo più delle stesse malattie e la firma non era più delle migliori, è successo come doveva. Improvvisamente i miei genitori ricevettero una convocazione per venire a scuola. Naturalmente, è stato chiesto loro dei miei giorni mancanti e dei voti risultanti e di conseguenza sono rimasti sorpresi o delusi da me. La conseguenza di ciò è stata che la scuola mi ha condannato a un "cataclisma" (4 ore di punizione scritta solo a scuola). Per quanto ne so, oggi questo tipo di punizione non esiste più. Infine l'anno scolastico si è concluso con due cinque. Quindi questo significa che ho dovuto ripetere la 1a classe, come allora era ancora richiesta.

Settembre 1971 collegio

Dopo questo evento decisivo per me, il consiglio di famiglia si è riunito sotto forma dei miei genitori e di mio fratello diciassettenne. Dovrebbe essere comunicato in anticipo che mio padre è stato in un collegio di lingua tedesca per alcuni anni durante i suoi giorni di scuola in Serbia. Quindi, mi è stato dato un consiglio su quale scuola dovevo continuare ad andare. Poiché, ovviamente, all'età di 11 anni non avevo idea o limitavo solo ciò che mi aspettava, ho dovuto accettare la decisione del consiglio di famiglia. Poiché sono stato battezzato protestante dalla nascita, la mia iscrizione ai collegi cattolici, come i fratelli di scuola a Strebersdorf, non è stata accettata. Questa decisione ha significato che sono andato in un collegio nel 13° distretto, che comprendeva anche un liceo umanistico. Ho litigato a lungo con questa decisione da parte dei miei genitori, perché ero più o meno rinchiuso lì dalla domenica sera al mezzogiorno del sabato. Se avevo "rotto" qualcosa durante la settimana, ovviamente non c'era nessun risultato nemmeno nel fine settimana. Fortunatamente, questo è stato raramente il caso nel 13° distretto. Una cosa era interessante in questa casa, perché il capo di questa istituzione era il nipote di Adalbert Stifter (il suo nome era lo stesso). Questo regista era un accanito fumatore di pipa, dove il fumo poteva essere annusato in tutto l'edificio e, con intensità crescente, sapevamo che il pericolo era imminente. Ho passato 3 anni a Himmelhof, così si chiamava il collegio lì. Poi mi trasferii con lo stesso precettore Franz nell'omonimo collegio della II circoscrizione, dove però le usanze erano le stesse della XIII circoscrizione. Ciò significa che, se ci fosse stata cattiva condotta da parte mia durante la settimana, mi sarebbe stato involontariamente permesso di trascorrere il fine settimana con una punizione in collegio. Dato che la supervisione non era molto grande e ovviamente sono anche invecchiata, c'erano spesso i fine settimana in collegio. In quel periodo, all'età di 13 anni, feci la conoscenza delle sigarette, cosa che mi costrinse anche a restare in casa. Questa amicizia con la nicotina è rimasta con me fino ad oggi. Il tutto è andato abbastanza bene fino alla quarta elementare e poi abbiamo avuto un'insegnante di biologia della Carinzia che aveva appena finito i suoi studi. Per noi studenti tra i 14 ei 15 anni, ovviamente, era una sfida in termini di pubertà, perché era una bella donna con una figura corrispondente. Così mi sono lasciato trasportare da un'affermazione durante la lezione che mi è valsa il peggior grado di condotta. Inoltre, ho anche raccolto i voti peggiori in vari oggetti, così ho dovuto ripetere il 4 ° grado. Questo era riuscito e così, poiché non si insegnava più in casa, dovetti frequentare la quinta elementare del liceo umanistico del quartiere vicino. Dato che volevo ancora diventare un medico, ho pensato che avrei usato il greco antico, perché mi piaceva molto anche la lingua latina. È stato interessante all'epoca finire per la prima volta in una classe mista, ma c'erano solo 6 ragazze e il resto dei ragazzi. Nel primo semestre ero ancora un po' impaziente di imparare, ma siccome non mi piaceva per niente il greco antico, i voti sembravano di conseguenza. Non si fermava solo a questo argomento e quindi avrei dovuto ripetere la lezione, solo che all'epoca non era più possibile. Così i miei genitori decisero, da quando avevo 17 anni, che avrei iniziato un apprendistato. Quando avevo circa 16 anni, quando ero ancora in collegio, fui avvicinato da Ernst, che era il figlio di un'amica di mia madre, se non volessi andare ai balli popolari ogni venerdì sera. Ovviamente era un'impresa difficile al collegio, perché non sempre usciva da lì. Alla fine, mi è stato finalmente permesso di uscire venerdì dalle 18:00 alle 22:00. La danza popolare ha avuto luogo nella casa degli Svevi del Danubio nel 3° distretto. Quando sono arrivato lì, ho trovato circa 30 giovani uomini e donne, di cui ero uno dei più giovani. Un nativo del Danubio svevo si è presentato a me come il leader, che ha provato le danze popolari con noi. Ma poiché ero decisamente anti-talento quando si trattava di ballare, anche quest'uomo aveva le sue difficoltà a insegnarmelo. Ricordo ancora un episodio in cui il supervisore mi prese in mano la coscia perché non capivo la sequenza di un passo alternato. Probabilmente non è cambiato nulla fino ad oggi. In queste serate abbiamo studiato danze popolari con 8-10 coppie, che abbiamo poi eseguito nella stagione dei balli a gennaio e febbraio. Nel corso del tempo si è formato un gruppo di coetanei che due volte alla settimana andavano al bowling al Prater di Vienna. Questo significa allenarsi una volta alla settimana e il campionato venerdì. Dato che avevamo uno sponsor, una compagnia di spedizioni, non ci è costato molto. Intorno al 1982 7 uomini e donne hanno poi navigato con questa compagnia su una nave a vela da 10 uomini da Spalato a Dubrovnik in estate. Ogni giorno della settimana siamo andati su un'isola, ci siamo presi una pausa e poi abbiamo proseguito. E 'stata un'esperienza meravigliosa

Casa del fine settimana di agosto 1972

Dopo che il cambiamento di carriera di mio padre nel 1969 ebbe successo in termini di risparmi, furono in grado di risparmiare un bel po' di soldi. Ora i miei genitori sono andati alla ricerca di una piccola casa per il fine settimana nella Bassa Austria. Hanno trovato quello che cercavano nel bacino meridionale di Vienna, in un comune di circa 10.000 abitanti. La prima vista colpì i miei genitori come un affare, ma non riuscivano a immaginare cosa sarebbe successo dopo. Per me che avevo 12 anni è stato ovviamente un piacere, perché c'erano molti alberi da frutto e cespugli sulla proprietà che mi era permesso bruciare dopo aver segato, in modo che si potesse vedere anche l'edificio del 1930. Ricordo che dopo un po' l'incendio infastidiva un po' i vicini, a quel tempo era ancora permesso. Ma sì, eravamo "viennesi" venuti nella Bassa Austria per espanderci. Ebbene gli alberi ei cespugli sono stati eliminati e si vedeva la casa. Aveva lo svantaggio di non essere utilizzato da anni e quindi di essere in condizioni desolate con pavimento e solaio. Quando ebbi bruciato tutto, presi la mia bicicletta ed esplorai la zona con le montagne che ne facevano parte e dovetti passare più e più volte davanti a un insediamento di lavoratori. Un giorno un ragazzo che era proprio lì mi ha chiesto se potevo scendere dalla bici e sedermi con lui. Feci come mi aveva chiesto e mi sedetti con lui. Poi sono arrivati altri ragazzi e si è sviluppata una conversazione interessante.

Da questo incontro è nata un'amicizia per almeno dieci anni e abbiamo fatto qualcosa di diverso ogni fine settimana. Solo negli anni i soci si sono uniti, ognuno di questi amici si è trasferito da qualche altra parte nella Bassa Austria e le amicizie si sono dissolte.

Casa dopo la ristrutturazione

1972 primo bacio

Poiché i miei genitori volevano sempre andare in vacanza in estate, chiesero alla chiesa evangelica di Vienna che tutta la famiglia avesse la stessa fede. Ciò ha portato a vacanze con tutta la famiglia in Stiria. Non eravamo l'unica famiglia lì, c'erano circa 50 persone. Abbiamo fatto ogni giorno con tutte le escursioni e le escursioni che erano sempre belle. Un giorno siamo tornati da un'escursione poco prima, Angela mi ha parlato, aveva circa un anno meno di me. Disse che aveva scoperto un vespaio nella soffitta della casa dove abitavamo e che aveva paura di guardarlo di nuovo da sola, se dovessi venire con te. Ebbene, perché no, non può succedere nulla. Quando ci siamo fermati davanti a questo nido, improvvisamente si è girata e mi ha baciato sulle labbra. Ero inorridito, solo mia madre poteva farlo e nessun altro poteva farlo. Ma l'ho tenuto per me comunque.

Saldi inverno 1975

Dato che mio fratello voleva guadagnare qualcosa oltre al suo stipendio come impiegato di banca, guidava da un ristorante all'altro nel decimo distretto e vendeva il più grande quotidiano lì. Ma dal momento che eravamo un cuore e un'anima fino all'età di 20 anni, ha detto che potevo vendere giornali e comprare la mia paghetta. Per fare questo, mi trovavo in una zona pedonale nel decimo distretto indossando una giacca gialla e lodando i miei giornali. In serata abbiamo poi saldato i conti dei giornali dalle 10 alle 15. Non era molto redditizio, ma, come ho detto, la mia paghetta è stata aumentata.

Settembre 1977 tirocinio

Mio padre conosceva il responsabile delle risorse umane di un grande grossista e produttore di generi alimentari nel 16° distretto, che all'epoca era ben noto, quindi ho iniziato un apprendistato come impiegato d'ufficio. La prima cosa che ho fatto è stata lavorare nella contabilità all'ingrosso. Ho trovato lì quattro uomini dai 50 anni in su. Il capo del dipartimento per questo era un firmatario autorizzato. Ma poiché ero appena uscito dal collegio, mi godevo la libertà ritrovata. Questo si è manifestato nel fatto che non ero così severo nel dormire una notte nel mio tempo libero. Ciò significa che, ora che avevo un amico a Vienna di nome Ernst, partivamo quasi tutte le sere. Certo, tornare a casa era tardi. Quindi la mia prestazione lavorativa il giorno seguente è stata di conseguenza. Il direttore generale, al quale ero seduto di spalle, picchiettava ripetutamente il tavolo con la penna a sfera in modo che potessi continuare a lavorare. Nel corso del tempo, tuttavia, il lavoro di aggiungere solo da 100 a 200 bolle di consegna in un'intera giornata è diventato troppo noioso per me e così ho deciso di parlare con il mio capo per sapere se potevo essere trasferito in un altro reparto del gruppo. La mia richiesta è stata accolta e sono stato trasferito al reparto tè. Lì ho incontrato un giovane spedizioniere e il suo capo era un firmatario autorizzato. Qui non ho imparato molto sull'impiegato d'ufficio, ma il vecchio manager mi ha insegnato molto sul tè. Quindi ho dovuto organizzare la degustazione del tè ogni mattina, che ha seguito un rituale molto speciale: quindi ho iniziato preparando almeno 10 ciotole di acqua calda e poi ho permesso di aggiungere solo esattamente 2 grammi di tè. Allora il signore passò e bevve un sorso di ciascuna ciotola, tenendosela in bocca e lasciandola scorrere sulle sue papille gustative. Con questa manipolazione è stato in grado di determinare la qualità di questo tè e quindi è stata ordinata la quantità corrispondente. Nel corso del mio lavoro in questo reparto si è aggiunto un sistema automatico per la produzione di bustine di tè, che mi ha affascinato molto, perché da un lato il tè consegnato era in grandi scatole e alla fine le 20-25 bustine di tè finite uscito imballato. Ma poiché quello che potevo imparare era limitato, volevo tornare in un nuovo reparto e così sono arrivato al reparto di prodotti freschi quando avevo circa 18 anni. Da lì venivano preparate giornalmente le consegne di frutta e verdura per le 250 filiali. Per fare ciò, i singoli negozi dovevano ovviamente prendere gli ordini per telefono ogni giorno.

Dato che avevo già raggiunto l'età in cui mi era permesso fare gli straordinari secondo la legge sulla protezione dei giovani, mi sono iscritta ai servizi domenicali, che sono stati ricompensati di conseguenza. I miei colleghi avevano più o meno la mia età, quindi presto si sono formate amicizie. Così ogni tanto andavamo a bere qualcosa dopo il nostro lavoro domenicale, finché qualcuno diceva che aveva con sé qualcosa che si poteva consumare solo in locali chiusi. Ingenuo com'ero allora, entrammo in un appartamento e ci sedemmo per terra per mancanza di posti a sedere. Improvvisamente il suddetto collega tirò fuori di tasca una sigaretta, l'accese e gliela passò. Ignaro, io, come gli altri, ho attratto questa presunta sigaretta. Poi, quando è stato fumato, sono stato informato che si trattava di una canna. Il mio riassunto era buono, la mia credulità e, soprattutto, non avevo sentito nulla, quindi la questione era risolta per me e non ho mai più toccato niente del genere.

Settembre 1978 Primo appartamento

Dopo che mio fratello, all'età di circa 21 anni, mi aveva detto che non avrebbe più avuto moglie e che aveva già un appartamento tutto suo, ho preso il piccolo appartamento di circa 35 mq nella stessa casa dove vivevano i miei genitori a Vienna. In questo periodo, però, iniziò anche dove dovetti lottare per circa 30 anni. Da un lato, ho avuto amici di una volta durante il fine settimana in Bassa Austria e un amico a Vienna. Con quest'ultimo sono uscito quasi tutti i giorni durante la settimana, e così è successo che non abbiamo fatto molte cose diverse. Poi siamo andati principalmente nei bar dove si poteva giocare a carte. Ma poiché questo è diventato un po' noioso nel tempo, abbiamo deciso di giocare per soldi. Ma neanche questo era soddisfacente, quindi abbiamo visto macchine nelle macchine locali dove potevi inserire denaro e vincere. A quel tempo erano chiamati banditi con un braccio solo che si potevano trovare in tutta l'Austria. Sì, all'inizio c'erano sempre profitti più o meno grandi, ma nel corso del tempo è stato ovviamente un deficit. Soprattutto, ho scoperto che tali dispositivi erano disponibili anche in Bassa Austria. E così è iniziata la mia dipendenza, sicuramente non subito, ma nel corso del tempo avevo oltrepassato una linea di cui non ero consapevole.

Daltonismo maggio 1978

A quel tempo dovevo andare alle forze armate austriache per la redazione. A quel tempo non avevo problemi di salute, ma poi mi è stata presentata una scheda con puntini colorati diversi e mi è stato chiesto di leggere un numero e una lettera da essa. Ma non potrei farlo, anche se guardassi le mappe da diverse angolazioni. In altre parole, si è scoperto che sono daltonico, cioè rosso-verde-cieco. Tuttavia, la Commissione ha stabilito che sarei pienamente qualificato. Sei mesi dopo volevo prendere la patente di moto e auto con mio padre. Per fare questo, però, ho dovuto anche sopportare una prova. Tra l'altro mi è stata presentata un'altra cartella colori dalla quale non riuscivo più a leggere nulla. Hanno poi detto che avrei dovuto sottopormi a ulteriori esami, compreso un test di reazione presso il rispettivo consiglio di fondazione e un test psicologico nel 3° distretto Questo test psicologico era lungo circa 20 pagine ed era noioso da compilare perché mi mancava il significato di esso. La mia argomentazione, che ho anche espresso, era che sono pienamente qualificato e non mi è permesso avere la patente di guida, beh allora ti sparo perché non riesco a decidere tra il rosso e il verde. Per quanto ne so, solo il rosso al semaforo è sempre nello stesso posto. Finalmente ho preso la patente per almeno una macchina, ho rinunciato a quella per moto, anche se avevo 2 motorini quando avevo 16 e 17 anni, e non ho mai avuto incidenti con loro.

Ottobre 1980 Esercito Federale

All'inizio di ottobre ho svolto il servizio militare presso le Forze Armate Austriache nella caserma Martinek (pensione?). Le prime sei settimane sono state un allenamento di base e anche estenuanti. Quando era il mio compleanno all'inizio di dicembre, ero di guardia, di tutte le cose, e questo in un giorno festivo. Ciò significa che circa 15 persone avevano ricevuto 20 proiettili veri per ciascuna dalla guardia di turno. Adesso dovevo sedermi a tavola e aspettare che arrivasse un ordine, diciamo di fare un giro in caserma. Non so come, ma all'improvviso c'era una bottiglia da 2 litri con vino bianco sul tavolo ci miei compagni mi acclamavano per il mio compleanno. Sì, ma purtroppo non è stata l'unica bottiglia che abbiamo consumato. Ciò significa che durante il successivo giro di controlli nell'area della caserma il sentiero si è fatto sempre più stretto e alla fine ho dovuto scaricare il mio fucile con 20 colpi di munizione nelle feritoie. Non ero riuscito a farlo da solo, un compagno mi ha aiutato. L'intera faccenda è rimasta impunita ad eccezione di una denuncia obbligatoria con la seguente ammonizione. Dopo le prime sei settimane sono stato assegnato all'ufficio stampa. Questo maggiore era lì la mattina, ma poi ha lasciato l'ufficio ed è tornato un'ora prima della fine del lavoro. Il mio compito era cercare notizie sul sovrano nei vari quotidiani. Non è stato un compito dispendioso in termini di tempo, è stato completato abbastanza rapidamente. Così ho potuto recuperare quello che avevo pochissimo durante la notte, ovvero il sonno. Quando mi sono trasferito a ottobre, pesavo 65 chili divisi sulla mia lunghezza. Nella zona della caserma ho conosciuto il vino del Baden perché non lo conoscevo prima. Quando mi sono disarmato dopo 8 mesi pesavo non 65, ma 72 chili, che non avevo superato fino ad oggi.

Settembre 1980 professione

Avevo completato con successo il mio apprendistato come impiegato d'ufficio, il servizio militare con meno successo, e quindi ho pensato tra me e me come andare avanti.

Ora mi sono interessato ai corsi serali e ho iniziato un corso di ragioniere, che presto si è rivelato sbagliato per me. Così ho scoperto che i computer avevano un futuro e dal 1980 al 1981 ho seguito dei corsi di programmazione al WIFI Vienna, che si svolgevano tutte le sere dalle 18:00 alle 22:00. Ho completato questo con esami almeno in Pascal, in Cobol non ho superato. Con i certificati volevo dire che avevo maggiori possibilità sul mercato del lavoro e alla fine di agosto 1981 ho lasciato il mio lavoro presso il grossista di generi alimentari. Ho subito ripreso un lavoro come impiegato d'ufficio in un'azienda che produceva tubi e quadri elettrici, che si trovava nel 5° distretto. Dopo circa un anno ci siamo trasferiti nell'11° distretto, dove si trovava anche lo stabilimento di questa azienda. Lì avevo un simpatico laureato in economia più anziano che aveva provato più e più volte a ispirarmi. Ma quando è andato in pensione, una donna laureata in ingegnere è arrivata come suo successore. Questo aveva l'obiettivo di risparmiare e così venni licenziato dopo due anni e nove mesi. A quel tempo c'era ancora il Tfr con almeno due stipendi, ma solo dopo tre anni in azienda. Così ho dovuto cercare un nuovo lavoro e l'ho scoperto sui quotidiani.

Poi ho trovato un lavoro dove la preselezione è stata fatta in un istituto psicologico di prova. Così sono venuto in questo istituto all'inizio di maggio 1984 e mi è stato presentato un pacco di 20 pagine di test da compilare. Dopo aver inserito alcune voci in questo foglio, ho pensato tra me e me che avevo già tenuto in mano questi fogli. Ed è stato esattamente così, anni prima dovevo fare lo stesso test per prendere la patente e quel giorno per fare domanda per un lavoro. Suona un po' strano. Dopo aver valutato le mie informazioni, mi è stato chiesto un colloquio nell'8° distretto. Il prerequisito per questa posizione era che si trattasse solo di un sostituto del congedo parentale di un anno. Lì dovevo rendere conto dei borsisti che lavoravano al centro di ricerca della Bassa Austria e occuparmi anche del libretto bancario. Ma poiché l'intera faccenda era una sfida un po' troppo piccola per me, ho mirato a ulteriori compiti. Questi includevano finanza, budget e contabilità patrimoniale. I linguaggi informatici che avevo imparato, che avevo acquisito anni prima, non venivano utilizzati perché ciò era impedito dal "programmatore" esistente. Così finì il primo anno di maternità e il mio capo di allora, con il quale ormai avevo una pietra sul tavolo, prolungò senza esitazione il mio contratto. Ma poiché l'ufficio nell'8° distretto è stato chiuso circa un anno dopo essere entrati in questa società (semipubblica), abbiamo dovuto trasferirci nella Bassa Austria. Abbiamo avuto l'opportunità di utilizzare l'autobus aziendale da Vienna. Ma il lavoro non è iniziato prima delle 8:30 ed era troppo tardi per me. Così ho parlato con un collega che saremmo andati a lavorare insieme alla mia seconda macchina. In tal modo, ha contribuito alle spese di viaggio. Ciò significa alzarsi dal letto ogni giorno lavorativo alle 6 del mattino, percorrere 35 km all'uscita e 35 km al ritorno la sera, con qualsiasi tempo. Ma poiché apprezzavo per niente questo lavoro nella Bassa Austria, l'ho accettato. Il tempo che ho trascorso lì non è stato solo professionale, ma anche personale, il lavoro ricco di esperienza che ho avuto nella mia vita, soprattutto perché ho imparato molto da esso. In contabilità, questo era il nome del dipartimento dove lavoravo, c'erano circa 15 donne e solo 2 uomini, cosa che inizialmente mi ha colpito di meno. Negli anni, però, ho stretto amicizia con un collega che lavorava a due stanze di distanza. Aveva circa 2 anni in meno ed era piuttosto intelligente, viveva vicino al suo lavoro con i suoi genitori in una casa bifamiliare. Come doveva venire, fu, l'amicizia divenne di più. Per la maggior parte del tempo stavo a casa sua, ma continuavo a tornare nel mio appartamento a Vienna. Poi un giorno mi ha detto che era incinta di me. Avevo circa 26 anni e lui ha visto come mio dovere fare la proposta a lei perché lei ha accettato. Stavamo già cercando una chiesa o un'anagrafe e più o meno fissavamo una data per il matrimonio. In azienda, ovviamente, si vociferava in segreto che stesse succedendo qualcosa che non mi piaceva molto. Tuttavia, poiché da parte sua era solo la dichiarazione di gravidanza e non potevo vedere o sentire altro nel corso dei mesi, ero scettico sul fatto che questo fosse vero. Ora, in più, la "pressione" dei colleghi diventava sempre più grande. Così alla fine del 1987 decisi di lasciare il mio incarico dopo tre anni e mezzo e di lasciare che lei prendesse il sopravvento in azienda perché le sue qualifiche erano inferiori alle mie. Naturalmente, non c'era nemmeno la liquidazione di due stipendi, poiché mi ero dimesso. Qualche tempo dopo ho verificato la presunta gravidanza della mia ragazza, ma probabilmente non è mai stata incinta. Mi è dispiaciuto per questa posizione perché avevo imparato molto, anche se le condizioni non erano sempre delle migliori.

Gennaio 1988 impiegato dal padre

Dato che mio padre quest'anno aveva 58 anni, ho deciso di iniziare a lavorare per lui come impiegato d'ufficio, il che significa che a quel punto ero più o meno un lavoratore autonomo, perché un padre non può fare molto per suo figlio. Dato che avevo la contabilità alla scuola professionale, abbiamo deciso che avremmo fatto noi la contabilità. Il nostro consulente fiscale aveva solo il compito di redigere la rispettiva dichiarazione dei redditi o bilancio e di presentarla all'ufficio delle imposte. Nel 1989 questo consulente fiscale ha affermato che un importo di S 0,25 sul bilancio era solo un importo di Topolino ed era quindi irrilevante. Così abbiamo rescisso il nostro contratto con lui e per i prossimi anni ho preparato io stesso la dichiarazione dei redditi e il bilancio risultante. L'unico svantaggio di questo era, ovviamente, che non avevo esperienza in questo senso. Così l'anno successivo ricevetti una lettera dall'ufficio delle imposte competente. Quando l'ho aperto, ho letto una clausola di 1,5 milioni di scellini in arretrato. Fortunatamente, ero seduto quando ho aperto questa lettera. Ho commesso un errore di virgola durante la compilazione del modulo pertinente. Dopo circa 4-5 appuntamenti, l'ho corretto. In questo periodo avevo circa 100 colportori (clienti) che dovevo consegnare ogni giorno, pochissimi avevano il tempo di venire nei nostri locali commerciali nel 20° distretto. A spiegare un colportore era una persona che vendeva i quotidiani la sera o la mattina con le giacche colorate nelle piazze, nelle stazioni e nelle strade. Per me sono sempre stati considerati commercianti indipendenti. Questo vuol dire che da me acquistavano delle riviste, cioè dei periodici stampati, a un certo sconto e poi le rivendevano a un prezzo fisso di fine vendita che è specificato su ogni prodotto. Lo svantaggio di questo settore è che esiste un diritto di restituzione del 100%. Se un cliente ha acquistato da me 10 pezzi di una rivista e ne ha venduti solo 5, è stato in grado di restituirmi i restanti 5 pezzi quando la rivista era nuova e questi sono stati quindi compensati. Naturalmente, avevo anche il diritto con i miei fornitori, come grossisti ed editori. Il tutto ovviamente è stato associato ad un'enorme quantità di tempo e, soprattutto, ad un preciso controllo delle rispettive fatture. Quindi, una settimana da 50 a 60 ore non era l'eccezione, ma piuttosto la regola.

Settembre 1992 lavoro autonomo

Mio padre quest'anno aveva già 62 anni e ho dovuto fargli molte argomentazioni sul fatto che avesse finalmente iniziato il suo pensionamento dopo 47 anni di contribuzione. Non gli avrebbe dato molto finanziariamente. Quindi ho rilevato questo grossista di riviste con due licenze commerciali, allora non c'era altro modo. Significa due membri della sezione della camera e, di conseguenza, due tasse per esso. Poi due o tre anni dopo è apparso un concorrente. Questo Mr. Robin ha avuto l'opportunità di creare il proprio fotoportage da un quotidiano più piccolo. In altre parole, ha fornito a diverse persone straniere giacche e quotidiani e ha distribuito queste persone in tutta Vienna. Col passare del tempo, però, ho saputo che quest'uomo non dava i posti gratis alla gente, ma chiedeva a ciascuno un acconto in scellini da 5 a 6 cifre e che ancor prima che gli venisse assegnato un posto. Dal momento che, per quanto ne so, questo è stato scritto solo in modo molto scarso per iscritto, già a questo punto sospettavo che a un certo punto sarebbe andato storto. Poiché questo non mi riguardava molto, lo lasciai governare. Poi un giorno è venuto da me e mi ha detto che potevamo fare dei contro-accordi, cosa a cui non avevo obiezioni. Ho ricevuto riviste da alcuni editori viennesi in buoni rapporti e con lui non era molto diverso. Questo è andato bene per un po', lui ha consegnato a me, io a lui ed è stato compensato. Ma un giorno, non era una grande somma da ottenere, il telefono squillò e Robin era in linea. Ha detto che gli dovevo ancora qualcosa e che voleva reclamarlo. Questo mi ha reso così furioso che ho detto che avevo rinunciato alla mia richiesta e non volevo più sue notizie. Sì, beh, era solo il mio desiderio. Assunse sempre più arabi, pakistani e indiani e poi finalmente andò dai miei due principali fornitori. Il motivo è che quando ho iniziato a lavorare nel commercio all'ingrosso di riviste, ho parlato con questi due fornitori per ottenere uno sconto del 4,9% in più. Ciò significa che invece del 28,2% quello più alto con il 33,1% lordo. La mia richiesta è rimasta senza risposta anche quando sono andato alla sede di un fornitore a Salisburgo, quindi avevo ottenuto l'aumento dello sconto circa 10 anni dopo. Il signor Robin è andato da questi due fornitori con qualsiasi cosa e ha subito avuto lo sconto più alto, il cui collegamento mi era chiaro, ma non lo darò da parte mia.

Locale commerciale nel 20° distretto con il padre

Novembre 1988

Ora avevo 28 anni, i miei amici della Bassa Austria si erano divisi in tutto lo stato federale, in parte per motivi professionali e in parte per motivi di società, quindi ero da solo. Ancora una volta è stato un sabato così insipido e poi mi è venuta l'idea che ci fossero due ragazze che vivevano lì a 30 chilometri di distanza, che conoscevo già dai tempi della mia infanzia, quando trascorrevo l'estate con mio fratello e mia madre in Bassa Austria. Così sono salito in macchina e sono andato in questa città di 800 persone. Ho trovato non solo due ragazze, ma 3. L'amica della donna più anziana era in visita. Dopo poco tempo suggerii che potevamo andare a ballare. L'amica ha detto che era stanca e che doveva tornare a casa dal marito. Quindi avevo lasciato i due e dopo un po' di trucco e styling, era arrivato il momento. Abbiamo guidato la mia macchina per circa 60 chilometri fino al distretto vicino, c'era molto poco nella zona in questo senso. Bene, ora ero seduto lì in discoteca con due ragazze, una di cinque anni più giovane e non necessariamente carina, e l'altra, di un anno più grande e piuttosto "vestita". Ora non avevo altra scelta che alternare il ballo con uno e poi con l'altro, e questo per me, quando ero un ballerino così talentuoso. Nel corso della serata, era già mezzanotte passata, il 13 novembre, mentre mi sedevo a tavola, notai che un ginocchio continuava a sbattere contro il mio e poi restava. Penso che i balli successivi abbiano completato l'approccio dei più vecchi ed è venuto come doveva venire. È stato meraviglioso. Questo poi è durato un buon 20 anni.

Autunno 1995

Siccome il mio concorrente stava diventando sempre più aggressivo per quanto riguarda la vendita di giornali e riviste, e ricorreva a sconti maggiori per i suoi colportori, dovetti reagire anch'io. Per fortuna all'epoca avevo qualche editore austriaco con cui potevo vivere, perché almeno a quel punto non c'era niente da fare con i suddetti grossisti. Questo si esprimeva nel fatto che potevo vendere la mia merce solo di nascosto, perché ogni volta che venivo dai miei clienti - e lo sono da anni - c'era sempre un arabo che poteva essere assegnato all'azienda Robin, con il mio acquirente e impedì così la mia vendita. Quindi ho dovuto mettere in vendita le mie riviste in modo indiretto, perché l'acquirente della mia merce avrebbe subito svantaggi finanziari se fosse stato visto acquistare da me. Ma poiché l'intelletto di questi organi di controllo non era necessariamente il più alto, ho continuato a tirare su i miei beni, anche con difficoltà. A quel tempo sono stato in grado di aumentare enormemente le vendite (circa 600.000 scellini totali di bilancio) e il numero di riviste, tanto che il mio principale fornitore è venuto da me con un grande camion nel 20 ° distretto, dove avevo rilevato i locali commerciali di mio padre. Spesso c'erano 2 pallet di merci con 10.000 riviste. A quel tempo avevo arrampicato così tanto, probabilmente per motivi agonistici, che la settimana andava dal lunedì alla domenica. La mia compagna Britta, dal 1988, si era giustamente lamentata di questo e ho dovuto cambiarlo, e così almeno mi sono preso il fine settimana libero. Ma dato che sono un po' ottuso e farò quello che mi sono prefissato di fare. Così è andata come doveva. Nel febbraio 1998, ho visto per caso che uno dei due principali fornitori aveva smesso di consegnare alla società Robin. Pochi giorni dopo sono stato in grado di stabilire ufficialmente che l'azienda di Robin era in bancarotta. La somma del fallimento era di 35 milioni di ATS. Tale importo comprendeva certamente solo una piccola parte dei depositi che il signor Robin ei suoi dipendenti hanno preso dai colportori. Si diceva che avesse rubato circa 15 milioni di scellini dai suoi 100-200 colportori. Ho anche saputo che dopo la bancarotta quest'uomo ha osato solo uscire in strada con le guardie del corpo, probabilmente a causa dei depositi trattenuti. A causa del fallimento, sono stati improvvisamente pronti a farmi lo sconto maggiore di 33,1 lordi. Sì, ma ormai era già troppo tardi.

Vacanze di luglio 1998

Dopo che non sono mai stato un fan delle vacanze, ho comunque trascorso una vacanza di 2 settimane a Creta, che fino ad oggi è stata probabilmente la più bella della mia vita finora. Ci sono state anche alcune esperienze che mi sono rimaste impresse nella memoria: io e la mia compagna Britta avevamo preso in prestito un motorino. L'unica cosa stupida era che era un semiautomatico. In altre parole, eravamo entrambi seduti su questo veicolo e a quanto pare ho lasciato che la frizione arrivasse troppo velocemente e quindi il mio compagno era seduto sul pavimento. Ebbene sì, a metà del primo ostacolo. Il padrone di casa ci ha detto che potevamo guidare solo entro 50 chilometri. Lo abbiamo sentito e abbiamo iniziato il nostro viaggio. Ma dato che quest'isola ha lo svantaggio che, a differenza di noi, dovevi salire e scendere da ogni montagna, così abbiamo fatto anche quello e i 50 chilometri sono stati dimenticati. In cima alla montagna ci siamo presi una pausa e ci siamo seduti sull'erba. Poi Britta disse all'improvviso di aver visto qualcosa di arancione nel boschetto vicino. D'impulso ci siamo arrampicati sotto la recinzione e abbiamo trovato un'arancia che sembrava essere stata trascurata durante la raccolta. Ovviamente li abbiamo scelti subito. Quando l'abbiamo sbucciato, ci è entrato nel naso un odore incredibilmente forte e, soprattutto, il godimento di questo frutto è stato indescrivibile. Poi abbiamo proseguito, perché volevamo davvero andare in un monastero sulla montagna vicina. Era mezzogiorno e il sole picchiava piuttosto forte. La strada non era asfaltata, era una strada sterrata. Tuttavia, abbiamo continuato il nostro viaggio. Improvvisamente ho notato che il motorino non reagiva più come avrei voluto. Avevamo un "appartamento". Non c'era niente in lungo e in largo. Quindi abbiamo dovuto spingere il veicolo nel massimo calore fino alla prossima stazione di servizio, che si trovava in sicurezza a 5 chilometri di distanza. Non avevamo detto nulla al padrone di casa di quello che ci era successo, ma è stata un'esperienza per entrambi. Pochi giorni dopo l'hotel in cui alloggiavamo stava organizzando un safari in jeep. Per quanto posso ricordare c'erano almeno 10 jeep cariche di cibo e abbiamo attraversato l'isola da nord a sud e da est a ovest fino a quando non siamo arrivati a Elafonisi (le Maldive di Creta). Sì, avevamo cibo a sufficienza, dalla carne all'insalata, ma quello che mancava erano le posate. Allora le donne andarono al mare, si lavarono le mani e con le mani prepararono le insalate. In ogni caso aveva un buon sapore. Un anno dopo, sempre a luglio, siamo andati in vacanza a Lanzarote. Non ci è piaciuto molto lì, dato che l'intera area ci sembrava molto sterile, non potevamo neanche fare il bagno in mare, l'acqua era molto fredda (Oceano Atlantico).

E ancora un anno dopo il luglio 2000 siamo stati in una pensione in Stiria per alcuni giorni, da dove abbiamo fatto alcune escursioni. Da allora non ho fatto quasi più vacanze, tranne nel 2017 in Italia in pochi giorni in autobus, che ovviamente è stato più faticoso che prendere l'aereo.

Agosto 2000

Quando siamo tornati dalle nostre vacanze austriache (3 giorni - viaggio in Austria) nel luglio 2000, Britta mi ha detto che aveva dolori addominali e che aveva già un appuntamento con il ginecologo per questo. Dopo questo appuntamento mi ha chiamato subito: ero ovviamente preoccupata e mi ha detto: che bella cosa. Cosa doveva essere? Ha detto che diventerò papà. Ero stupito, ma entrambi davamo per scontato che saremmo stati lì per questo bambino. L'argomento dell'aborto non è mai stato sollevato, ed è stato bello, almeno quando l'ho scoperto. La scadenza è stata fissata all'inizio di marzo 2001. Il 24 febbraio 2001, un sabato, Britta mi ha svegliato la mattina e ha detto che era giunto il momento. Per il mio lavoro, avevo un furgone che andava avanti da anni. Anche il giorno prima ha nevicato parecchio. Quindi abbiamo guidato per circa 50 chilometri fino all'ospedale senza riscaldamento in macchina, perché non funzionava. Quando sono arrivati in ospedale, si sono resi conto che ci sarebbe voluto del tempo. Quindi siamo andati a fare una passeggiata nella neve nel complesso. La sera l'ho lasciata con la richiesta di essere informato, indipendentemente dall'ora, se lui sarebbe venuto. Non è arrivata nessuna chiamata, quindi sono andato in ospedale alle 8 del mattino del martedì grasso. Quando ho aperto la porta della sua stanza, mi ha salutato con la parola: sorpresa! Un attimo dopo la porta si riaprì e un'infermiera mi portò mio figlio. Quello che ricorderò per sempre è stato il momento in cui l'ho tenuto tra le mani per la prima volta. Indescrivibile.

Mio figlio a 10 mesi

1990 - 1991 appartamento

Fino ad allora, ho vissuto nel piccolo appartamento che avevo quando avevo 18 anni. Ma poiché la direzione della proprietà e il proprietario del condominio volevano una ristrutturazione generale della casa, ho dovuto spostare un piano più in basso in un appartamento leggermente più grande. Il mio appartamento è stato accorpato all'appartamento vicino con la promessa che avrei potuto tornare nell'appartamento di 70 mq a lavori ultimati. Anche questo è stato osservato e nel 1991 mi sono trasferito in questo appartamento. Ma dal momento che la mia dipendenza è peggiorata nel corso degli anni, cosa di cui all'epoca non ero a conoscenza, sono rimasta indietro con i pagamenti dell'affitto. Così si è trattato, come doveva venire, di una causa di sfratto. Britta ed io stavamo cercando un appartamento. Ha trovato quello che cercava in un annuncio su un giornale. Una maisonette nel 2° distretto con un affitto di circa 10.000 scellini. Ho fatto notare che non potevo permettermelo, ma non era necessariamente accettato. Pertanto, ho restituito l'appartamento nel 20° distretto senza un avviso di sfratto e mi sono trasferito nel 2° distretto. Ma poiché la mia passione per il gioco non era migliorata, ma anzi peggiorata, mi trovai presto di fronte allo stesso risultato del 20esimo distretto. Così ho cercato io stesso un Garcionerre nel 20° distretto che avrei potuto permettermi.

1980 – dipendenza

È iniziato tutto in piccolo, ha buttato pochi scellini in una macchina e forse ha vinto qualcosa una volta, ma l'ha ributtato direttamente in questo secchio, perché il grande profitto sta arrivando. Mi ci sono voluti circa 15 anni per rendermi conto che ero dipendente dal gioco d'azzardo. La mia compagna Britta mi ha incoraggiato a sottopormi alla terapia, ma ho anche dovuto ammettere che ne ero dipendente. Quindi ho cercato aiuto da Gamblers Anonymous. C'erano terapie di gruppo una volta alla settimana e terapie individuali su appuntamento. La terapia individuale ha causato in me un esaurimento nervoso perché non avevo mai provato niente di simile prima, soprattutto perché il terapeuta era andato molto in profondità. La terapia di gruppo non ha avuto necessariamente successo perché sono salita in macchina dopo la seduta e sono finita di nuovo in una sala giochi. Quindi non vedevo alcun senso in questa terapia. A quanto pare dovevo fare di più in questo senso. Britta mi ha chiesto dei progressi con questa terapia o se avevo smesso di giocare. Rispondo con "sì", che avrei smesso di giocare. Per quanto ne so, è stata l'unica volta in 20 anni di collaborazione in cui le ho mentito. Ma avevo anche l'abitudine di evitare abilmente le questioni delicate, soprattutto di natura finanziaria. Quindi in quel momento non vedevo via d'uscita e i pensieri di suicidio si avvicinavano sempre di più.

Giugno 2001 fallimento

Il 15 febbraio 2001, dieci giorni prima della nascita di mio figlio, ho avuto una trattativa fallimentare. Questo è stato preceduto dalla presentazione di mia iniziativa o della mia intesa commerciale. Ne ho parlato con il giudice e siamo riusciti a raggiungere un tasso di risarcimento di circa il 13,84% che potremmo offrire ai creditori. A questa udienza presso il Tribunale commerciale di Vienna erano presenti due rappresentanti dei creditori di una ventina di creditori. La quota offerta non è stata accettata sia dagli avvocati dell'Associazione per la tutela del credito che da AKV. A metà giugno 2001, le autorità comunali del 20esimo distretto mi hanno chiesto di restituire le due licenze commerciali che avevo da quasi 9 anni. La ragione di ciò era che avevo accumulato un bel po' di debiti nel tempo. L'ho fatto e poi sono stato registrato come disoccupato. Mio padre, che all'epoca era in pensione, acquistò di nuovo la sua licenza commerciale per la vendita all'ingrosso di riviste. E così gli affari sono andati avanti, ma questo non mi ha impedito di giocare e, soprattutto, di fare qualcosa al riguardo.

2000 magistrato/finanza

Intorno al volgere del millennio, i miei clienti continuavano a venire da me e a chiedere conferma del loro reddito. In altre parole, i rispettivi uffici richiedono una corrispondente prova di reddito in caso di rinnovo o reinvio del permesso di soggiorno. Ufficialmente era previsto che una persona residente in Austria avesse un reddito minimo di 700 euro. Per me è stato facile determinarlo perché c'era uno sconto fisso e un prezzo al dettaglio. Allora te li ho scritti se l'importo era sufficiente e hai ricevuto la tua carta corrispondente dal magistrato. In nessun giorno avevo ricevuto denaro per l'emissione di questo documento, almeno non fino al 2006. Per me, queste persone erano anche commercianti indipendenti e hanno anche dovuto trasferire l'importo che ho scritto al canale di valutazione. Che l'abbiano effettivamente praticato è al di là della mia conoscenza. Ma questo l'ho definito anche sui giornali in mostra.

Marzo 2006 morte di mio padre

Il 25 febbraio 2006 i miei genitori sono venuti da noi, Britta, mio figlio Gregor e me nella Bassa Austria. Il mio compagno l'ha invitata per il quinto compleanno di mio figlio. Dopo essere andato in pensione nel 1992, mio padre ha guadagnato circa dieci libbre. Non era grasso, ma si godeva appieno il pasto. Naturalmente, mio figlio lo aveva già scoperto quando aveva 5 anni, quindi ha bombardato mio padre con pasticcini a merenda. Nonno prendi la torta, so che anche a te piace sgranocchiare. Un quarto d'ora dopo arrivò con una ciambella e il nonno la prese e mangiò. La mattina dopo in negozio verso le 7 mio padre era già lì, come al solito. Salimmo in macchina e andammo da un cliente. Durante il viaggio, mi disse che aveva dormito così male quella notte. Inoltre, si alzava ogni mezz'ora per andare in bagno con corrispondente dolore al petto. Quando siamo tornati in attività un'ora dopo, gli ho chiesto urgentemente di andare dal nostro medico nella stessa strada per dare un'occhiata. Ebbene sì, era inverno il 26 febbraio 2006 e mio padre è andato dal dottore con molta riluttanza solo in maglia. Dopo un'ora il mio telefono squillò e fu il suo turno. Dovrei portargli una giacca dall'internista in fondo alla strada, perché il medico di famiglia lo avrebbe mandato subito dall'internista con il sospetto di un infarto. Questa dottoressa non si è lasciata portare lì per una diagnosi e ha chiamato subito l'ambulanza per portarli in ospedale. Arrivati in ospedale, il sospetto che i due medici sospettavano fosse stato confermato. Lì è stato controllato per 11 giorni e rilasciato il 10 marzo, un venerdì. La mattina del 13 marzo, come sempre, sono entrata in negozio verso le 7 e mio padre era già lì. Dato che la prima cosa che ho fatto al mattino è stata posare un caffè, l'ho fatto anche quel giorno. Nel frattempo, ho notato che mio padre stava andando nel bagno del corridoio. Come al solito, ho preparato un caffè per mia madre al primo piano della stessa casa e sono andato sul retro del negozio nella tromba delle scale.

Ho notato che la luce era accesa nel nostro bagno del corridoio (vetro opaco) e sapevo che poteva essere solo mio padre, ma erano passati dai 10 ai 15 minuti quando l'ho visto l'ultima volta. Poi sono andato a casa dei miei genitori e ho parlato con lei per un po'. Quando passai di nuovo davanti al gabinetto, la luce era ancora accesa ed entrai nel negozio, ma non c'era nessuno. Quindi sono andato di nuovo in bagno e ho bussato alla finestra, ma non ci sono state reazioni. Nel frattempo la vicina che abitava accanto era uscita dal suo appartamento. Ma poiché non c'era nessuna reazione nel bagno, non avevo altra scelta che rompere la finestra della porta con il gomito. Allora lo vide già seduto appoggiato al muro e con il sangue dal naso. Il vicino ha chiamato immediatamente l'ambulanza e mi ha portato anche i vestiti per il pavimento del corridoio in modo che potessi indossarlo. I soccorsi sono arrivati abbastanza velocemente e hanno cercato di riportarlo indietro con un defibrillatore, ma invano. L'ambulanza ha informato l'ufficiale medico che avrebbe dovuto accertare la morte. Nel frattempo è arrivata anche la polizia, dove un uomo è rimasto accanto al morto fino all'arrivo dell'ufficiale medico. Questo è arrivato dopo circa 3 ore. La prima delle sue domande era se ci fossero scoperte recenti a cui potevo ovviamente rispondere. Quando l'ha sfogliato, ha detto: Con il cocktail non c'era niente di sorprendente e morire a Vienna lunedì è stato sfavorevole, perché abbiamo un ingorgo. Se non fossi stato in lutto, non sarei stato in grado di controllarmi su tali affermazioni. Ma quello che ancora mi commuoveva era che dovevo dirlo a mia madre, che era nel suo appartamento. E il problema successivo è stato informare mio fratello, che non aveva contatti da circa 20 anni, che nostro padre era morto. Aveva litigato con i suoi genitori per l'eredità a cui aveva diritto. Ma era lì entro un'ora senza parolacce. Il 24 marzo 2006 lo abbiamo fatto seppellire nel cimitero centrale di Vienna. Poi, quando la bara è stata calata, ho avuto un evento decisivo. Ho ereditato molto da mio padre, compreso il fatto che non possiamo parlare di problemi e che continuavamo ad evitarli, ormai era troppo tardi.

Estorsione del marzo 2006

Il 14 marzo ho restituito le due licenze commerciali di mio padre al magistrato competente nel ventesimo distretto. Conoscevo già la gestione in questo senso. Il

20 marzo il mio telefono ha squillato e il numero è stato trattenuto. All'altro capo c'era un uomo che non mi ha detto un nome, anche se l'ho chiesto più volte nel corso della conversazione. Ha detto che dovrei continuare a scrivere le conferme che scrivo dall'inizio del millennio. Quando ho chiesto perché avrei dovuto farlo, mi ha raccontato delle circostanze del luogo in cui è cresciuto mio figlio che potevi sapere solo se eri lì. Ad esempio, quando è andato all'asilo oggi e simili. Questo ovviamente mi ha fatto incazzare e l'ho minacciato. La sua risposta è stata solo che dopo la chiamata precedente mi avrebbe mandato uno straniero e avrei dovuto dare una conferma. Dovrei addebitare € 10 per un mese e € 15 per diversi mesi, che poi queste persone pagherebbero. All'inizio ho rifiutato, ovviamente, sostenendo che non potevo più scriverlo perché non avevo diritto al mestiere, ma col tempo le informazioni su mio figlio, su quello che faceva, sono diventate sempre più reali e ho dovuto supporre che è rimasto vicino a Gregor, che è stato dimostrato un anno dopo. Nel paese di circa 800 abitanti e su una superficie di 34 chilometri quadrati, gli estranei attirano naturalmente l'attenzione, soprattutto quando guidano davanti a edifici pubblici, come una

scuola o un asilo. Adesso potevo scegliere di andare alla polizia e fare denuncia, se accettata, e la protezione per mio figlio sarà assegnata per una settimana o due, e poi devo tremare se l'uomo riesce a pensare a qualcosa. L'altra opzione era che lo facessi a modo mio, cosa che mi leggevo di fare indipendentemente dalle conseguenze. Così le chiamate arrivavano più volte alla settimana con numeri soppressi e gli stranieri, che conoscevo solo in parte, ricevevano le loro conferme contro pagamento. Quando ho chiesto alle persone da dove avessero avuto contatti, non ho ricevuto informazioni. Così ho deciso di seguire queste persone, ma almeno all'inizio non c'era speranza. Nel frattempo, era già l'autunno del 2007, mio figlio andava alle elementari. Nel villaggio, un uomo è stato osservato in vari luoghi dove si presumeva fosse un pedofilo, come è stato visto ripetutamente a scuola o all'asilo. Ma questo è stato un errore, l'intera faccenda era destinata a me. Un venerdì dopo la scuola, come ogni giorno di scuola, mio figlio ha preso lo scuolabus per tornare a casa. Siccome il percorso a circa 500 metri dall'uscita al luogo di residenza non era del tutto visibile, un'auto è arrivata improvvisamente dalla strada laterale, si è fermata da mio figlio e la portiera del passeggero si è aperta. Un uomo gli ha parlato e voleva dargli delle caramelle. Mio figlio ha reagito una volta ed è subito corso verso la casa dove lo stava aspettando il mio compagno. Ha visto il veicolo e ha anche chiamato la polizia, solo finché non sono arrivati l'autista era oltre le montagne nonostante il vicolo cieco. Quando mio figlio me ne ha parlato lo stesso giorno, venerdì sera, ne ho parlato con la mia compagna e le ho detto che questo non era un pedofilo, si sarebbe applicato a me, ma lei si è attenuta alla versione del pedofilo.

13 dicembre 2006

Era un venerdì e di nuovo un 13. Ero seduto nel negozio che aveva due uscite, una sul cortile di casa e una sulla strada. Scrivevo sui miei programmi, come avevo fatto per molto tempo, e di conseguenza ero assorbito. All'improvviso bussarono alla porta del cortile, avevo chiuso a chiave l'altra porta. Era circa mezzogiorno e pensavo fosse una festa in casa. Quando ho aperto la porta, c'era un uomo alto circa 190 cm con un aspetto ben curato. Si è identificato con il suo nome e ID come il "Direttore ufficiale" dell'Ufficio delle imposte di Vienna. Ora ha detto, tenendo in mano un foglio A4, che aveva in mano una conferma dove si trovavano il mio timbro aziendale e la mia firma. Ha anche affermato che è stato stampato su entrambi i lati. Ha anche chiesto se poteva entrare, cosa che non ho rifiutato. Ma poi ho subito dovuto confutare le sue affermazioni. Da un lato, non avevo mai dato carte stampate su entrambi i lati, e dall'altro non avevo nemmeno apposto un timbro su tali lettere, che era già incluso nel programma che avevo scritto per loro. Non ho mai avuto la lettera su cui si basava questa affermazione. Ora ha detto se poteva guardare nel mio stand PC, cosa che non ho rifiutato. Voleva anche guardare e fotografare i miei estratti conto, che avevo sullo scaffale dietro di me, che non ho rifiutato, perché non ero a conoscenza di alcuna colpa. Adesso cominciò a prendere i suoi minuti. Quando ha chiesto come avvenissero tali conferme di reddito, da quando e perché, ha concluso la visita con la domanda su cosa avrei ricevuto in cambio, e intendeva non solo denaro, ma anche prodotti naturali. Cosa dovrei rispondergli adesso, perché nel frattempo mi sono accorto che aveva bisogno del suo senso di realizzazione, e d'altronde avevo ancora il mio ricattatore a questo punto, che mi metteva un po' sotto pressione. Così ho risposto alla sua domanda con la risposta: non ho ricevuto nulla in cambio. La sua reazione è stata che non ci credeva. L'anno successivo è venuto nel mio negozio altre due volte senza preavviso e ha continuato a cercare. L'ultima volta mi ha chiesto se poteva portare con sé lo stand PC all'Agenzia delle Entrate, a cui ho risposto affermativamente dopo un po' di tempo per pensarci. Tempo per pensare al fatto che non sarebbe stato necessariamente vantaggioso per il computer, ma ovviamente non avevo nulla da nascondere. L'ho fatto tornare funzionante in due giorni, ma non mi ha detto se è stato trovato qualcosa di illegale o meno. Fin qui tutto bene o no. Nell'autunno 2007 c'è stato poi un "invito" all'ufficio delle imposte del 22° distretto. Lì mi ha offerto i risultati della sua verifica fiscale, come viene chiamata in tedesco finanziario. Mi aveva già indicato che avrebbe dovuto apprezzarmi se non gli avessi detto cosa avrei fatto per il rilascio delle dichiarazioni dei redditi e così ci siamo accordati su questo nome. La sua stima era che secondo lui avrei ricevuto 100 euro per ogni conferma, a partire dal 1998 fino al 2008. In altre parole, un reddito di 40.000 euro e una spesa "accomodante" meno il 50%. Quindi ai suoi occhi avevo guadagnato 20.000 euro anno dopo anno con questo lavoro, che si rifletteva anche nella corrispondente imposta sul reddito modesta. In un colpo solo, ho avuto due pretese dall'ufficio delle imposte e dalla compagnia di assicurazione sanitaria per un importo di 6 cifre, contro le quali ho immediatamente risposto al ricorso all'allora Senato delle finanze come organo di livello superiore delle autorità fiscali, oggi, per quanto ne so, è il procuratore finanziario. Tutte le nomine, e cioè 9 anni a quel tempo, sono state respinte o rifiutate dai singoli uffici. Lo stato oi suoi funzionari hanno per lo più ragione, il cittadino difficilmente. Quello che non mi aspettavo all'epoca, tuttavia, era il fatto che questo direttore ufficiale, non solo lo considerasse un reato finanziario, ma anche una violazione della legge. Dopo aver completato il suo esame nel 2008, ha trasmesso i dati che aveva costruito, per i quali non avrebbe mai potuto fornire prove, al pubblico ministero di Vienna allo scopo di verificare l'illegalità. Oltre ai miei incarichi nel 2008, per gli anni dal 2006 al 2008, quando finalmente sono entrato in possesso del mio ricattatore, ho preparato le dichiarazioni dei redditi per questi 3 anni per un totale di € 2.500 di reddito da redazione dei conti economici, che hanno non è stato preso in considerazione fino ad oggi. Negli anni dal 1998 fino al 2005 compreso non ho avuto assunzione a causa di questa circostanza. Questa procura ha reagito anche sotto forma dei rispettivi tribunali distrettuali, dove tra il 2009 e il 2011 mi è stato "chiesto" di comparire come testimone a circa 100 citazioni in giudizio. Il processo era sempre lo stesso. Il tenore di base dei miei interrogatori da parte della rispettiva corte era sempre lo stesso. Mi è stato chiesto se avevo emesso questo documento e, naturalmente, perché. C'era sempre uno straniero seduto di fronte a me che, tra l'altro, era accusato dall'Amministrazione Comunale 35 di aver ottenuto o acquistato un permesso di soggiorno con tale conferma. Il documento su cui si basava questo processo mi fu presentato e dovetti determinare se l'avevo emesso o meno. Il 90% di questi erano miei documenti, ma c'erano anche falsi, come sostiene l'amministratore delegato. Gli stranieri accusati, che conoscevo almeno in apparenza, ricevevano, se davvero giudicati colpevoli, da 2 mesi a tre anni, con riserva, non di più. Come ho già detto, nel maggio 2008 sono finalmente riuscito a entrare in possesso del ricattatore seguendo ancora una volta un presunto colportore dopo aver ricevuto una mia conferma. Con argomenti "potenti" ho implorato quest'uomo di cancellare immediatamente il mio numero e di non chiamarmi mai più. Non avevo molte speranze, ma lui ha continuato così per qualsiasi motivo e non l'ho mai più visto o sentito, ma aveva anche cambiato il mio numero di cellulare. Non ero mai riuscito a scoprire cosa ne avesse ricavato o meno. Nella primavera del 2010 ho ricevuto improvvisamente una lettera raccomandata dal pubblico ministero di Vienna - Tribunale penale di Vienna. In esso mi è stato chiesto di comparire come sospetto presso l'ufficio del pubblico ministero per essere interrogato. L'ho seguito e mi sono seduto di fronte al pubblico ministero. Sono stato accusato di aver rilasciato dichiarazioni dei redditi non conformi alla legge. Siccome questo signore di mezza età aveva davanti a sé alcune cartelle, le sfogliò e mi chiese se conosceva il nome che leggeva lì e, soprattutto, come uscivano tali carte. Ho quindi confermato le sue domande, ma gli ho chiesto di mostrarmi le conferme, dove potevo riconoscere di nuovo circa il 10% di falsi, che ha visto anche lui. Per quanto posso ricordare, è stato con lui per la seconda volta quest'anno. Il tutto era solo l'interrogatorio di un imputato da parte del pubblico ministero. Nella primavera del 2011 ho ricevuto un'altra lettera raccomandata, ma questa volta dal tribunale penale di Vienna, dove avrei dovuto recarmi come imputato. Lì ho incontrato un giudice, il pubblico ministero, che ormai conoscevo, e il mio difensore d'ufficio, il quale, al mio primo incontro con lui, si era lamentato di aver dovuto leggere 6000 pagine di atti giudiziari per il processo. Ora si è trattato di questo negoziato, dove naturalmente tutte le parti hanno posto domande. La questione se avessi ricevuto denaro per questo numero di carte era di secondaria importanza, così come durante l'interrogatorio del pubblico ministero. Sono riuscito a convincere il giudice nel miglior modo possibile con le mie risposte e le mie argomentazioni. Il mio avvocato era più rilullante, si limitava a scavare un precedente che aveva ben poco a che fare con la mia accusa. Il pubblico ministero è stato un po' più insistente e ha fatto domande piuttosto sbrigative. Risultato di questo processo, il giudice ha annunciato il verdetto, 24 mesi di reclusione, significa niente carcere. Dopo che il verdetto è stato pronunciato, mi ha istruito sulla mia decisione al riguardo; Per accettare immediatamente la sentenza, 3 giorni per prendere in considerazione o impugnare immediatamente. Non me lo aspettavo davvero, perché presumevo di poter lasciare la corte da uomo libero e innocente. Quindi ho guardato il mio avvocato difensore e gli ho mostrato 3 dita per 3 giorni per pensarci. Ma vedendo che il pubblico ministero ha visto la mia esitazione, ha detto che avrebbe fatto appello o avrebbe intrapreso un'azione legale. Nel febbraio 2012 si è svolta la seconda udienza davanti al tribunale regionale superiore di Vienna, dove ho ipotizzato che il verdetto sarebbe stato a mio favore. Così sono entrato nell'aula del tribunale all'ora stabilita e ho trovato un senato di giudici. Quando i miei dati sono stati controllati, uno dei giudici mi ha parlato: la sentenza del tribunale penale di Vienna sarà modificata in 16 mesi con la condizionale e 8 mesi incondizionata. La mia reazione a questo: non può essere quello! Il giudice ha detto: Se non hai capito il verdetto, dovrai essere detenuto per 8 mesi. Per me è crollato un mondo. Da un lato avevo emesso questi documenti in buona fede fino a quando non sono stato ricattato, dall'altro volevo proteggere mio figlio, che è andato male nei pantaloni. Non ho quasi mai avuto un vantaggio finanziario e sono stato punito per questo. Certo, ho chiesto al mio avvocato cos'altro si poteva fare al riguardo, ma ho dovuto rendermi conto che non c'era appello a questa sentenza, solo una petizione. Ma immediatamente non mi ha dato alcuna speranza che qualcosa in questa decisione dell'Alta Corte Regionale sarebbe cambiato a seguito di una tale petizione. Ma gli ho chiesto di farlo. Ma è stato anche un insuccesso. Quindi ho ricevuto una lettera dal tribunale, dove dovevo essere al carcere di Simmering entro il 10 aprile 2012 al più tardi, per iniziare la mia pena detentiva di 8 mesi.

Dal 2006 al 2011 tutto sulla cura

Quando mio padre è morto nel marzo 2006, come già detto, mi trovavo ancora una volta di fronte a uno sfratto dalla mia Garcionerre nel 20° distretto. Ora, dopo la morte del marito, mia madre era completamente sola, e dopo quasi 53 anni di matrimonio, il tetto sopra la mia testa è stato tolto, quindi non restava che trasferirsi in un appartamento di 75 metri quadrati con la discussione su la mia parte per darle la supervisione reciproca, perché era piuttosto depressa dopo la morte. All'epoca, non potevo dire se la mia decisione fosse giusta o meno, e lei aveva già avuto 2 colpi alle spalle. Al momento della morte del marito, lei pesava circa 80 chili, non era grassa ma tozza. Il primo anno con lei in un appartamento è stato abbastanza buono, siamo andati a fare la spesa, dal dottore e per gli esami. A questo punto ha dovuto prendere circa 10 compresse al giorno a causa delle sue precedenti malattie. Tra questi c'era un farmaco psicotropo, dove dovevo andare ogni volta da un neurologo piuttosto che da un medico di famiglia per ottenere la prescrizione. Penso che sia stato prescritto perché era diventata sempre più depressa. Si direbbe anche che facevo il mio lavoro nella stessa casa, separata solo da un cortile. Significa che io ero al piano terra e lei nell'appartamento al primo piano. Nel secondo anno le sue condizioni iniziarono a peggiorare rapidamente, mangiava sempre meno e non voleva uscire. Ricordo un episodio in cui noi due stavamo facendo la spesa al supermercato a circa 300 metri e lei non poteva andare oltre dopo aver pagato l'acquisto. Così l'ho fatta sedere nel negozio, ho corso per 300 metri fino al negozio e ho preso il mio slittino, che avevo da anni, l'ho portato al negozio, l'ho messo sullo slittino con grande riluttanza e l'ho portato a casa con lei. Non mi importava che aspetto avesse. Non necessariamente. Sembrava che avessi passato nell'appartamento con lei dal lunedì al venerdì e che venerdì sera fossi andato a trovare la mia famiglia nella Bassa Austria, Gregor e Britta. Ma dal momento che non doveva essere necessariamente sola durante il fine settimana, mio fratello passava da due a tre ore il sabato e quasi ogni volta si trasformava in una farsa. Una volta mi ha chiamato perché non trovava il farmaco, un'altra volta per qualche banalità. Vale a dire, non è stato di grande aiuto nemmeno per me in questo senso. Ma poiché si sono aggiunte la depressione crescente, la paranoia e la demenza, la cura della sua persona è diventata sempre più difficile, vale a dire, l'assistenza 24 ore su 24 è stata utilizzata appieno. Di giorno, non avendo più il concetto di tempo, dormiva e di notte, quando io volevo dormire nella stanza accanto, infestava l'appartamento. Non ho nemmeno dovuto prenderla in soggiorno a mezzanotte o più tardi e rimetterla a letto. Inoltre, non aveva più una panoramica di quali articoli per la casa aveva. È successo che alle 11 del mattino si è alzata sul balcone e ha chiamato forte il mio nome perché era in piedi, Peter, aveva bisogno di almeno due tubetti di dentifricio. Poi sono venuto in cortile, l'ho vista gesticolare selvaggiamente sul balcone e ho detto che doveva guardare nella scatola, per quanto ne so c'erano almeno 10 tubetti di dentifricio lì. Tutto quello che ha detto è che avrebbe saputo di cosa aveva bisogno e non di me. Quindi ho dovuto comprarle i tubi 11 e 12 immediatamente e immediatamente. Non l'ho mai fatto, che sono andato a fare shopping. L'unico momento in cui dovevo respirare erano le volte in cui veniva da un ospedale all'altro, quindi dovevo visitarla solo per circa un'ora, perché lì dentro non c'era più niente. Divenne sempre più difficile per me parlarle perché non vedeva alcuna prospettiva. Nei singoli ospedali credo abbia "visitato" quasi tutti gli ospedali di Vienna, ma li hanno tenuti per un massimo di 10 giorni, perché fisicamente non trovavano nulla e per quanto riguardava la psiche nessuno poteva aiutarli sua. Ora il mio caro fratello, con il quale, come ho detto, non ho avuto contatti per circa 20 anni, è venuto alla gloriosa idea di rendere inabile la madre. Per fare ciò, si è rivolto al tribunale distrettuale competente e ha presentato la domanda. La mia opinione su questo era che era certamente ancora sana di mente, anche se era già sulla buona strada per diventare pazza. Così una sera, previa notifica, un avvocato del tribunale distrettuale è venuto nel nostro appartamento. Eravamo presenti mia madre e noi due figli. All'inizio ha posto le sue domande a mia madre, che ha risposto correttamente, ma poi mio fratello, che aveva fatto la domanda, ha ricevuto un'istruzione piuttosto solida da questo avvocato. Disse che la donna era perfettamente sana e del motivo per cui aveva fatto la domanda, alla quale ovviamente non poteva rispondere. Tale richiesta è stata pertanto respinta. Fino a quel momento, il mio rapporto con mio fratello era ancora ragionevolmente ben educato e concreto. Dopo di che è andata sempre peggio, fino alle aggressioni fisiche comprese da parte sua in presenza di nostra madre. Nel settembre 2010, ha camminato di nuovo per l'appartamento durante il giorno ed è caduta in soggiorno. Ero solo in giro in quel momento. A quel tempo aveva una colf tre volte al giorno per circa 4 anni, perché io non c'ero sempre e il risultato era una cassaforte per chiavi all'ingresso dell'appartamento, perché ovviamente si usavano anche i servizi di aiuto domestico e soccorso. Inoltre, aveva un braccialetto con un pulsante di emergenza che poteva usare se necessario. Così quel giorno è arrivato il soccorso, che mi ha anche informato che era successo qualcosa a mia madre, e sono entrati anche loro usando la cassaforte con le chiavi. L'hanno poi portata in ospedale, dove è stato scoperto che aveva una costola perforata nei polmoni quando è caduta nell'appartamento. Ora andò di nuovo all'ospedale più vicino e parlò con il medico capo del dipartimento. Mi ha chiesto se mia madre sarebbe stata curata per 24 ore al giorno dopo il suo rilascio. Ma ho dovuto rispondere a questa domanda con un no, perché ero fisicamente e mentalmente esausto non solo per questo, ma anche per la mia dipendenza. Avrebbe dovuto essere comunicato in anticipo che subito dopo la morte di mio padre nel marzo 2006, mio fratello aveva fatto domanda per un posto in una casa di riposo per lei. Sarebbe stato più facile per lui poi vederla in una casa un mese dopo. Quando, dopo circa 2 anni, ho ricevuto una promessa per la casa nel 20° distretto, ho conosciuto questa casa dentro e fuori, e lei mi ha torturato con la decisione di cosa fare: a casa o no. A questo proposito, va notato che questa casa si trovava in un ambiente familiare e, poiché non esiste da molto tempo, è anche molto bella. La mia tesi era che sarebbe stata una sua decisione e che non l'avrei né consigliata né sconsigliata. Mio fratello, naturalmente, la convinse immediatamente a prendere il posto. Dopo alcune settimane e mesi ha rifiutato. Ora, come ho detto, era in ospedale e il comune di Vienna cercava un posto in una casa di cura, che ha ottenuto alla fine del 2010 in una casa di nuova apertura nel 22° distretto. Lì all'8° piano con ascensore, le è stata assegnata una stanza di circa 20 mq. Per quanto ho potuto dire, era una delle più giovani all'epoca, di 78 anni. C'era una sala comune accanto alle stanze dove i detenuti si riunivano per spettegolare o giocare. Ricordo di aver detto più volte che doveva uscire dalla sua stanza e parlare con gli altri. Ma la sua paranoia o demenza era così avanzata che non voleva più stare con le persone, perché potevano farle qualcosa, come ho dovuto sentire da lei in vari ospedali quando vedeva persone in camice bianco e che volevano fare qualcosa a lei. Non ha permesso alla mia argomentazione che si trattava solo di personale medico che voleva aiutarla. Il 2 marzo 2011, sono andato a casa sua quasi tutti i giorni per farle visita. Quel giorno era a malapena disponibile, né potevo parlarle.

Quando sono tornato a casa, ho avuto le mie premonizioni. Durante la notte, come al solito, ho spento il cellulare. Al mattino, quando l'ho riacceso, ho visto un sms da casa. La mia premonizione è stata confermata, quella notte si è addormentata serenamente tra le braccia di un'infermiera. Ora abbiamo seppellito nostra madre nella stessa tomba dove si trovava mio padre. Ora ero solo in un appartamento di 75 metri quadrati con le mie cose e un affitto di poco meno di 500 euro.

Maggio 2011 Neocathomenat

Il mio rapporto con mia madre non era esattamente quello che avevo in quel momento, ma lei era lì per me anche nella mia infanzia, anche se in misura limitata. Quindi ero un po' in difficoltà per quanto la riguardava. In una bella giornata di primavera all'inizio di maggio, una domenica stavo camminando sul Canale del Danubio con i miei vecchi vestiti, poi mi sono seduto su una panchina e ho iniziato a digitare sul mio cellulare. Dato che a questo punto avevo già una vista molto limitata a causa della crescente cataratta, non vedevo molto. Improvvisamente il sole che splendeva sul mio viso si oscurò. Quando ho alzato lo sguardo, c'erano due persone davanti a me che riuscivo a malapena a distinguere. Una donna mi ha chiesto se credevo in Dio dopo essersi presentata come Anna. Ha presentato anche la seconda signora, ma non ricordo il suo nome. Dovrebbe essere comunicato in anticipo che avrei evitato una simile discussione in qualsiasi momento. Questa domanda, a cui non voglio rispondere qui, è sfociata in una conversazione di mezz'ora e alla fine mi ha detto: ti invito il prossimo sabato sera alle 20.00. Ti scrivo il numero di telefono di Wolfgang, se nel frattempo dovesse succedere qualcosa. Che cos 'era questo? Due donne che avevano ben 10 anni più di me mi invitano. Mi hanno anche detto che erano neocattolici, facenti parte della Chiesa cattolica e non di una setta. Ok, ora ho avuto un numero di telefono da un certo Wolfgang e un invito. Cosa dovrebbe essere? Ora stavo a letto ogni sera e meditavo su questo invito. Quindi questo sabato è arrivato e pensavo di non avere soldi come nessuno e ovviamente ero curioso di sapere cosa fosse. Quindi, come al solito, sono uscito di casa prima e sono arrivato nel 20° distretto alle 19:30. Quando entrai nel corridoio dove doveva svolgersi l'intera faccenda, vidi un uomo dall'altra parte della stanza che stava sistemando delle sedie pieghevoli. Quando mi vide alla porta, si avvicinò a me, mi tese la mano e disse che era Wolfgang. Solo allora mi resi conto che doveva essere un prete, perché era vestito di nero da cima a fondo. Quando poi ha chiesto il mio nome, ero un po' perplesso e ho iniziato a balbettare e ho detto: Mi chiamo Eduard. Questo nome è rimasto con me per un po', finché non sono riuscito a convincerlo a chiamarmi Edi. Mi ha anche chiesto se potevo aiutarlo a sistemare le poltrone, cosa che ovviamente ho fatto volentieri. Adesso erano quasi le 8 di sera e mi aspettavo che arrivassero delle persone anziane, le circa 20 poltrone erano pronte e così mi sono seduto su una di esse. Poi si aprì la seconda porta della stanza ed entrò una ragazza di circa 16 anni con una chitarra sulla schiena. Col tempo la stanza si è riempita e ho scoperto di essere una delle più anziane. Quando tutto è iniziato poco dopo le 8 di sera, ovviamente, ho dovuto presentarmi, cosa che non mi era mai piaciuto fare prima. Poi si è scoperto che si trattava di un'Eucaristia con due letture e un vangelo della Bibbia. Avevo ancora in mente che mia nonna, che era cattolica, mi aveva spesso spostato a messa nella chiesa cattolica durante i miei giorni di scuola e già allora pensavo che non era niente per me, tutti gli anziani, pregando e inginocchiarsi e pregare di nuovo. Ma era un po' diverso e non solo i partecipanti. Le due letture della Bibbia sono state preparate e lette dai singoli partecipanti stessi. Wolfgang, che si rappresentava come un prete, presiedeva e doveva solo leggere il Vangelo e poi analizzare tutte le letture in un sermone. Noi, tutti i partecipanti, potremmo anche annunciare ciò che la rispettiva lettura ci avrebbe detto e che volontariamente. Mi piaceva anche che la chitarra non fosse solo lì per guardare, ma che una canzone fosse sempre intonata tra le singole letture, e tutti la cantavamo insieme. Bene, questo è stato completato intorno alle 22:00 e sono stato informato che ci sarebbe stata una liturgia di parole il martedì successivo alle 20:00. Dopo avermi promesso questo tipo di fiera, sono tornato martedì. Divenni poi fratello di quella che allora era la decima comunità del Neokathomenat, che anch'io ho praticato per sette anni e che personalmente mi ha portato molto. Il processo in questa comunità era sempre lo stesso, 3-4 persone di questo gruppo dovevano preparare la rispettiva liturgia o l'Eucaristia in una delle 3-4 persone a casa qualche giorno prima e poi presentarla quel giorno. Non è stato sempre facile trovare abbastanza persone per partecipare. Avevamo anche una domenica comunitaria ogni uno o due mesi e circa due volte l'anno un fine settimana comunitario in un hotel nella Bassa Austria. Quando sono arrivato in questa comunità nel maggio 2011, esisteva solo da sei mesi. In altre parole, non vi conoscevate molto bene, ma questo è cambiato negli anni, perché continuavate a prepararvi con qualcun altro e vedevate così l'ambiente in cui si muoveva. In quel periodo sono diventata amica di due sorelle, Maria e Giada. Maria è nata in Polonia e ha studiato in Austria, Giada era una giovane studentessa di scambio di Capri / Italia, di circa 20 anni. Avevo fatto molto con entrambi, ma Giada è dovuta tornare in Italia nell'estate del 2012 quando già parlava perfettamente il tedesco. Ciò che mi legava a Maria era che lei assecondava la mia dipendenza tanto quanto me, ma non così eccessivamente.

Pena detentiva di aprile 2012

Così il 10 aprile sono andato con le mie cose all'11° distretto per iniziare la mia pena detentiva, poiché stavano diventando sempre meno. Questo è stato preceduto dal fatto che due mesi prima avevo un'altra causa di sfratto con la data di esecuzione, 10 maggio 2012 sul collo. Quindi ho avuto poco tempo per lasciare l'appartamento nel 20° distretto. Maria e la mia collega, dalla quale verrò in seguito, mi sono stati di grande aiuto perché in quel momento ero in stato di fermo. Quando sono arrivato al centro di detenzione, sono stato perquisito a fondo e poi messo nel reparto chiuso in una cella di circa 10 metri quadrati a coppie. All'inizio mi è stato detto cosa dovevo e cosa non dovevo fare, oltre a sapere quale reparto c'era. C'era solo un'ora di cammino nel cortile durante il giorno, tempo permettendo. I primi due mesi, ovviamente, ho avuto abbastanza tempo, parlare con il mio compagno di cella non era sempre facile, quindi ho preso la Bibbia e l'ho letta dall'inizio alla fine, nonostante la cataratta. Dopo due mesi, sono stato trasferito nel sistema carcerario rilassato, dove si poteva lavorare nel centro di detenzione. Nella stanza c'erano dalle 6 alle 10 persone che avevano lavorato in vari reparti. Ma siccome sono una persona che gode della sua libertà, mi sono lasciata trasferire di nuovo e sono finita all'aria aperta. Ciò significa alzarsi alle 4:30 e guidare dall'11° distretto alla caserma del 14° distretto, dove sono stato assegnato al giardinaggio con altri detenuti. Dato che non era esattamente piacevole stare al sole tutto il giorno a luglio agosto 2012, desideravamo ardentemente la fine del lavoro alle 16:00. Dopodiché dovevamo essere di nuovo nel centro di detenzione per le 18 in punto. La borsa di studio a cui mi sono iscritto un anno prima mi ha dato un enorme sostegno durante quel periodo. Ciò si esprimeva nel fatto che per ogni giorno della mia visita, tre dei miei attuali fratelli venivano a trovarmi e mi consolavano. Dato che ho avuto anche l'opportunità di trascorrere il fine settimana fuori dall'istituto con il dipartimento all'aperto, ho potuto partecipare, tra le altre cose, a una domenica comunitaria. Quello che c'era da notare anche qui era che tutti i miei parenti, compresi alcuni sotto forma di 4 cugini e una zia e uno zio, non si sono presentati durante l'orario di visita, non voglio nemmeno parlare di mio fratello, perché sapeva che sono seduto. Inoltre, mia sorella Maria ha fatto molta pressione su di me per riconciliarmi con i miei genitori, perché l'ho resa colpevole per dove mi trovavo ora. Così è successo una domenica mattina quando mi è stato permesso di uscire per questa conversazione alle 8 in punto. Ebbene sì, erano entrambi morti, di cosa dovrei parlare con le pietre. Ma poiché il cimitero era vicino al centro di detenzione, sono sceso dal tram e sono andato alla tomba. All'inizio non sapevo cosa dire, ma poi credo di aver parlato con loro per circa mezz'ora e sono finito con le lacrime che mi rigavano le guance. Quando sono tornato al tram, mi sono sentito 10 chili in meno. Da allora ho fatto pace con i miei genitori, anche se fossero solo pietre e mi uscirà di nuovo una parolaccia sui miei genitori, non ho diritto, dovrei fare di meglio, ma sembra che non ci sia riuscito neanche, almeno fino ad ora. Una mattina mentre stavo tornando in caserma per andare al lavoro, mi è successo un incidente. Abbiamo avuto la possibilità di catering in caserma. Ciò significa che siamo stati in grado di fare colazione, pranzo e di tanto in tanto cibo sotto forma di lattine per la sera. Bene, sono andato, come al solito, a fare colazione alle 6:30 e a mangiare un abbondante panino fresco. Improvvisamente ho notato che la mia dentatura superiore era rotta nel mezzo. Così, la sera in detenzione, ho fatto in modo che fosse consentita una visita dal dentista, perché il mio morso non era stato dato. L'ho preso anch'io e quel giorno sono dovuto rimanere in istituto. Deve essere comunicato in anticipo che non avevo un'assicurazione sanitaria durante la mia detenzione e che i costi di qualsiasi trattamento erano coperti dal bilancio della magistratura. Così sono andato da un dentista che non era necessariamente il migliore, ma che aveva accusato molto la magistratura per avermi aggiustato i denti. Nel tempo, l'avevo già registrato, la mia cataratta è peggiorata così tanto che alla fine avevo solo il 2% di vista. Ciò significa che ho dovuto afferrare il marciapiede con l'aiuto dei miei piedi. Era l'errata supposizione che questa operazione potesse essere eseguita anche durante la detenzione, ma ha avuto l'occhio giusto per l'operazione due giorni dopo il rilascio dalla custodia il 12 dicembre e l'altro una settimana dopo.

Respinto il 10 dicembre 2012

Quel giorno sono stato rilasciato e ora mi trovavo per strada con circa € 700, - una visione del 2% e le mie misere cose e senza un tetto sopra la testa. Ma poiché un fratello di nome Werner si era offerto di trasferirsi nel suo gabinetto nell'8° distretto mentre ero in custodia, ho accettato di buon grado. Ha detto solo finché non ho trovato qualcosa. Dato che ora avevo troppi soldi in tasca, prudeva naturalmente, non ho avuto un aspetto simile durante la detenzione, anche se probabilmente sarebbe stato basato sul tempo. Così è successo come doveva, ho continuato a giocare e dopo un po' il fratello Werner mi ha chiesto fino a che punto fosse progredita la mia ricerca dell'appartamento. Dopo aver visto che non ci avevo messo troppo zelo, giustamente mi ha dato un ultimatum. Ho lasciato passare anche quello, e così ho dovuto chiedere al comune di Vienna un asilo per senzatetto, che ho ottenuto anche nel 16° distretto insieme a un secondo in una stanza di 20 metri quadrati. Secondo la mia immaginazione, avevo immaginato che non avresti dovuto pagare nulla per questo, ma è stato un errore. Non certo l'importo dell'affitto, ma almeno erano 160€ che riuscivo a pagare all'inizio. Ma nel corso del tempo ciò non fu più possibile. Nonostante i consiglieri sociali, sono stati costretti ad allontanarmi da casa. E adesso? Quindi il mio datore di lavoro e amico Kamal si è offerto di ospitarmi nel seminterrato della sua attività, senza servizi igienici e acqua, poiché l'anno era già avanzato e l'inverno era dietro l'angolo, ho dovuto accettarlo, ovviamente all'insaputa degli altri feste in casa. Non ero solo laggiù, avevo anche animali domestici sotto forma di topi che a volte mi attraversavano il viso durante la notte mentre dormivo. Quello era probabilmente il momento in cui pensavo almeno una volta alla settimana per cosa stavo vivendo. Non avevo ottenuto nulla, anzi, ho rovinato tutto, all'età di 11 anni ho dovuto mentire a mio figlio che dovevo lavorare a Berlino e quindi lo chiamavo solo una volta alla settimana dal carcere. I miei pensieri suicidi erano già molto estremi allora. Certo, anche i miei fratelli e sorelle della comunità sapevano di tutta la miseria, ma neanche loro potevano aiutarmi, anche se arrivava fino al catechista.

24 dicembre 2014 fine

Adesso era Natale, uno come lo era stato negli anni precedenti. Dormivo in cantina, avevo animali con me e 20€ nel portafoglio. C'era ancora qualche spesa, perché col tempo riuscivo a vivere con 6€ al giorno di cibo e fumo. Bene, cosa fai con questi soldi, vai alla sala da gioco più vicina e l'importo è sparito. A questo punto, nel comune di Vienna è stato deciso che il piccolo gioco d'azzardo sarebbe stato interrotto il 1° gennaio 2015. Significa che tutte le macchine che ho alimentato per oltre 30 anni sono state spente, ma solo a Vienna e non nella Bassa Austria. Bene, è arrivato il nuovo anno, non c'erano più macchine a Vienna e i soldi erano tornati nelle mie tasche. Ora ho avuto l'opportunità di salire sul treno, guidare in un sobborgo di Vienna e continuare a mangiare questi secchi. Ma non era così, perché ancora non riesco a spiegarmi fino ad oggi, ma non importa di certo non lo metterò in dubbio. In altre parole, dopo ben 30 anni e le conseguenti difficoltà, sono stato guarito da questa dipendenza il 24 dicembre 2014. Da quel giorno non avevo più toccato una macchina. Naturalmente, non potevo rispondere a ciò che avevo scommesso nel tempo, ma presumo che fosse sicuramente un importo di 7 cifre. In altre parole, avevo pagato le tasse sull'utile e l'imposta sulle vendite con il mio lavoro e questo non troppo scarso, almeno da parte mia, ma non posso giudicare se questo sia finito con i rispettivi uffici come l'ufficio delle imposte e il comune. La cosa interessante è stata che quando ho avuto la mia residenza forzata nel 2012, non ho dovuto suonare e quasi in libertà, è andata avanti di nuovo. Come è andata adesso? A febbraio 2015 ho cercato di nuovo un posto nel rifugio per senzatetto e l'ho ottenuto subito nel 16° distretto. Ora tutto è successo in rapida successione. L'assistente sociale che si è occupata di me ha fatto molta pressione su di me perché mi venisse assegnato un appartamento comunitario. La quota per il posto in € 160, - non era più un problema, quindi venivano pagati regolarmente. Dato che a gennaio 2013 avevo già presentato un appartamento comunitario, non speravo davvero che questa volta avrebbe funzionato. Nel 2013 mi hanno chiesto di confermare la mia iscrizione e i contratti di locazione degli ultimi tre anni. Sono stato in grado di soddisfare la conferma della registrazione, ma ovviamente non ho potuto fornire un contratto di noleggio. Anche l'argomento che ero cittadino austriaco e nato a Vienna non aiutava. Ero così furioso in quel momento che mi sono lasciato trasportare dicendo che questo avviso negativo doveva essere rilasciato a me, perché ho bisogno di questo documento per un luogo specifico. Bene di nuovo. L'assistente sociale in questa casa mi ha chiesto di depositare una certa somma in casa mese dopo mese in modo da avere i soldi per l'appartamento quando uscivo di casa. Il 1° luglio 2015 ho ricevuto un piccolo appartamento di 36 metri quadrati nel 20° distretto, dove vivo ancora oggi. Ma dal momento che non avevo quasi mobili, ho dovuto comprare di tutto, dalle cucine in muratura agli armadietti. Dato che l'appartamento si trova al quinto piano, un compagno di stanza del rifugio per senzatetto mi ha aiutato. Quello che stava succedendo, la dipendenza dal gioco era sparita, avevo un appartamento tutto mio, dove a tutt'oggi non ci sono arretrati di affitto e soprattutto avevo improvvisamente più di 10 euro nel portafoglio. È stata una sensazione meravigliosa e nulla è cambiato finora. In altre parole, ho riportato in vita me stesso, quello che era quando ero un giocatore, non lo attribuirei necessariamente a quello.

Febbraio 2016 vita normale

All'inizio del 2016, una cartolina è volata nella mia cassetta della posta. Ho letto questo e ho scoperto che era un portale online dove potevi registrarti gratuitamente. Dopo che era gratis, l'ho fatto anch'io. Il tutto era un sito web con un centinaio di gruppi diversi, a seconda dei loro interessi. Dato che sono sempre stata una persona curiosa, ho guardato i gruppi e ho trovato da 4 a 5 gruppi che mi parlavano. Per due di questi, ho impostato attività a 50+ club e 60+ club, che corrispondevano anche all'età dei membri. Ora Helmut, l'amministratore del gruppo 60+ Treff, organizzava visite ai ristoranti ogni due settimane alle 18 di sera. Ogni volta in un ristorante diverso. Siccome non sapevo niente del genere del mio passato, è stato un piacere per me mangiare sempre bene lì e chiacchierare per circa 3 o 4 ore con le 8-10 persone che erano lì. L'altro gruppo, 50+, è stata una sfida per me fin dall'inizio. Poi l'amministratore ha scritto, ho dimenticato il mio nome, di nuovo ogni 2 settimane il venerdì sera alle 18:00 un incontro in una bancarella del mercato nel 3 ° distretto. In questo gruppo, tuttavia, l'attenzione non era sul cibo, ma molto di più sulla società. Tuttavia, poiché questi incontri non erano organizzati in modo ottimale, solo una manciata veniva a questi incontri, ma non era possibile molto di più, non c'era abbastanza spazio per altri in questo stand. L'amministratore Helmut del gruppo 60+ Treff ha fatto questo in modo molto più preciso fino alla sua morte nel 2019. Ho sempre portato con me il mio amico Roman ad entrambi gli incontri perché all'epoca era single, ma tornerò da lui più tardi. Come ho detto, non c'era molto da fare nel gruppo 50+ e così ho preso l'iniziativa di mettere online incontri ogni 2 settimane attraverso questo gruppo. Il gruppo contava circa 100 membri in quel momento e così ho pubblicizzato un incontro in un ristorante e non in un buffet di bancarella del mercato nel portale. All'inizio c'erano forse da 7 a 8 persone di questo gruppo e ovviamente l'obiettivo principale non era il cibo, ma la conversazione e le conversazioni. È stato interessante notare che con ognuno di loro c'erano costantemente più donne che uomini presenti ogni 2 settimane. Ciò significa che a volte capitava che io e Roman fossimo gli unici uomini. Ma dopo che ho amato circondarmi di donne, che è stata anche un'esperienza nuova per me, ho ricevuto le donne di conseguenza. Ciò significa baciarsi a destra ea sinistra, dove poi ho capito che questo aveva un impatto sulla successiva qualità della conversazione. All'inizio è stato un po' macchinoso, ma col tempo a questi incontri sono arrivati sempre di più. Anche il numero dei membri di questo gruppo è cresciuto costantemente, fino alla fine con ben 500 membri. Dato che non ero l'amministratore di questo gruppo, ovviamente c'era ostilità nei confronti degli altri membri di questo gruppo, tra le altre cose con l'argomento che si trattava di uno scambio di partner, che ho inserito di nuovo sul sito Web con commenti corrispondenti. Nel 2018 e nel 2019 ho avuto l'idea che non si debba necessariamente andare in un pub, ma che ci siano anche cultura e sport leggeri. Questi incontri non sono stati necessariamente accettati dai membri. Era cabaret, bowling, biliardo o mini golf, quindi niente cose stravaganti. Solo da 5 a 6 persone sono venute a tali incontri, quindi sono tornato agli incontri locali. Quando è arrivata la pandemia nel 2020, abbiamo avuto il nostro ultimo incontro nel 3° distretto a febbraio. Pochi mesi dopo sono stata informata da Pamela che non riusciva più a trovare il gruppo 50+ Treff sul sito. Ma poiché tali incontri non potevano aver luogo con il blocco e altre restrizioni, non ho notato questo fatto. Ho indagato e ho scoperto che sia il gruppo 60+ Treff, che tuttavia non aveva attività dopo la morte dell'amministratore, sia il gruppo 50+ Treff e i suoi membri erano stati rimossi da questa pagina. Lo sfondo era, ed è diventato evidente qualche tempo prima, che il software (presumibilmente Ubuntu) dietro di esso si era bloccato e il nuovo software era stato installato tramite questo sito Web. Dato che ora mi definisco un programmatore, ho scritto a questa azienda, i proprietari di questo sito, circa due volte per scoprire cosa sarebbe successo lì. La risposta è stata che alcuni vecchi gruppi non potevano più essere ripristinati. Ovviamente ho anche commentato che si poteva fare benissimo, ma anche con un enorme dispendio di tempo, perché i dati devono essere disponibili, basta leggerli e aggiungerli al nuovo portale.

Eventi di danza autunno 2015

Il mio amico Roman, che conoscevo da molti anni, una volta mi ha chiesto se potevamo andare a ballare all'Associazione dei pensionati a Vienna il sabato, cosa che abbiamo fatto allora. E così siamo andati a ballare ogni sabato sera o nel 2° distretto o nel 20° distretto fino a quando è arrivata la pandemia nel 2020 e ovviamente non c'erano più eventi. All'epoca non ero un pensionato, ma che diamine, mi piaceva, anche se non sono un ballerino professionista (caso disperato).

Famiglia

Beh, sì, probabilmente l'ho avuto per circa 10-11 anni, ma quando sono andato in collegio, il rapporto deve essersi deteriorato, perché lì, che lo volessi o no, il 90% delle mie decisioni doveva essere preso da solo. In tal modo, quasi nessuno era al mio fianco con consigli. Anche se l'avrei accettato o meno è discutibile. Nella mia infanzia ho avuto un buon rapporto con i miei 3 cugini nei fine settimana, che sono un po' più piccoli di me, con il quarto ho avuto contatti solo due volte, su loro richiesta. Ciò significa che ho visto le 3 ragazze nell'11° distretto quasi ogni fine settimana. Quanto a mio fratello, siamo stati un cuore e un'anima per circa 16 anni. Le cose sono cambiate quando ha detto che doveva avere una moglie ora. Quando aveva circa 30-35 anni, ha chiesto la sua eredità in contanti dai suoi genitori in mia presenza nella Bassa Austria. Lo sfondo era che ora era sposato e aveva due figlie e diceva che doveva costruire un'esistenza qui e ora in Germania. Poiché questa richiesta è stata espressa con forza fisica, ha "salutato" per ben 20 anni. Non abbiamo avuto contatti con lui fino a poco prima della morte di nostro padre. Ancora oggi non ho nessun contatto con lui e non so né lui né me dove abitiamo. Per quanto riguarda mio figlio, che ora ha 20 anni, va detto che nel 2012 non potevo dirgli che ero in stato di detenzione, ma che dovevo lavorare all'estero, all'epoca aveva 11 anni. Io e il mio compagno eravamo d'accordo su questo, con lui ho avuto un buon rapporto almeno fino a quando non sono stata costretta a restare nell'11° distretto, anche se solo nel fine settimana. Tuttavia, poiché a mio avviso è stato informato da un caro parente del mio ex compagno dove mi trovavo veramente nel 2012, nonostante diversi tentativi dall'aprile 2018, non ho avuto alcun contatto, l'ultima volta che l'ho visto è stato il 15 luglio, 2017. Il rapporto con mia madre in realtà è stato solo buono nei primi anni della mia vita, ma dato che avevamo caratteri molto diversi, al più tardi con il collegio è cambiato tutto, ma non è cambiato il fatto che stavo in piedi da lei negli ultimi anni della sua vita. Ma quello che mi ha colpito molto e che mi preoccupa ancora oggi, è che non avrei mai potuto parlare con mio padre e probabilmente nemmeno lui potrebbe parlare con me.

Gli amici

Nel corso degli anni ho avuto sicuramente diversi amici che sto cercando di classificare qui, anche se non ne ho proprio diritto, ma come ho detto io la vedo così. Tra i miei migliori amici c'erano sicuramente quelli della Bassa Austria, che ho già sapeva quando avevo 12 anni imparato. Tuttavia, poiché erano diffusi in tutto lo stato federale della Bassa Austria, l'amicizia terminò dopo circa 15-20 anni. Quanto al mio amico viennese, non so ancora perché non mi abbia mai impedito di diventare dipendente dal gioco d'azzardo. Ma vorrei dargli il merito che non sarebbe stato in grado di farlo. Nel 2005 o 2006 ho avuto problemi con il mio stand PC in negozio e, siccome di solito i soldi erano pochi, ho cercato un riparatore di computer, che ho trovato anche nel 20esimo distretto. Lì sono arrivato in un ristorante in una cantina a due strade di distanza. Quando ho visto la persona di nome Kamal, ho capito che doveva essere un arabo e mi sono rivolto a lui in quel modo, dal momento che avevo avuto a che fare con queste persone per anni prima. Ha risposto alle mie parole in arabo e ha anche detto che è nato ad Alessandria ma ora è cittadino austriaco. Un anno o due dopo si è trasferito due strade più in basso in un ristorante al piano terra, dove qualche tempo dopo mi ha assunto, lui è responsabile dell'hardware e io del software. È stato lui a offrirmi rifugio nel seminterrato l'anno in cui non ne avevo. Circa un anno dopo, un signore leggermente più anziano è venuto nel nostro negozio nel 20esimo distretto, come si è scoperto, aveva 20 anni più di me. Ha detto che ha avuto problemi con il suo sito web, dal momento che il software è stato adattato, non sapeva più come muoversi e voleva aggiungere alcune cose. Mi piacerebbe vedere cosa ho fatto sul posto. Lì ho trovato un sito web abbastanza grande su cui aveva lavorato per anni e ho letto la mia strada in quel sistema. Alla fine, sono stato finalmente in grado di risolvere i problemi di conversazione che aveva con il nuovo sistema. Da entrambi gli incontri è nata un'amicizia, che continua ancora oggi e che non vorrei perdere neanche io. Sì, sono state effettuate connessioni dai gruppi 60+ club e 50+ club, ma sono svanite di nuovo con la pandemia.

Partnership

Il primo sodalizio con la mia collega del centro ricerche mi ha un po' deluso, un po' snobbato che lei avesse costretto me e una bambina a trasferirci sotto lo stesso tetto dei suoi genitori, per cui suo padre mi ha accolto molto bene, ma sua moglie fatto che doveva sapere tutto mi infastidiva un po'. Per quanto riguarda la mia seconda moglie nella mia vita, è stata senza dubbio la donna della mia vita, altrimenti la relazione non sarebbe durata più di 20 anni. Che si sia rotto, nonostante il figlio di 8 anni all'epoca, è probabilmente al 95% colpa mia. Avevo scoperto solo in retrospettiva che non parlavamo mai di noi stessi e dei nostri problemi e poi, come abbiamo fatto dopo la rottura, era troppo tardi. Forse questo avrebbe cambiato qualcosa se avessimo parlato prima. Non lo so. Poiché si diceva che il gruppo 50+ Treff fosse una sorta di portale partner fin dall'inizio del mio lavoro per questo gruppo, è successo come doveva. Era un venerdì prima della Pentecoste del 2017, 8 anni dopo che Britta della Bassa Austria si era separata da me. Ci siamo incontrati ancora una volta in un bar e nel suo giardino del pub. Ci sono andato come al solito con il mio amico Roman. Poi è arrivata Pamela, un membro del gruppo 50+ Treff e un anno più giovane di me, e si è seduta tra Roman e me. Nel corso della serata si è sviluppata una conversazione una tantum tra me e Pamela e abbiamo parlato e riso molto, tanto che non mi sono più accorta degli altri partecipanti. Nel frattempo, ho notato che ogni volta che avevamo qualcosa di cui ridere, mi dava una pacca sulla parte superiore del braccio o sulla coscia. Mi sono registrato bene, ma adesso, perché non ero il più coraggioso in questo senso. Ma mi sono fatta coraggio e le ho chiesto se non potevamo incontrarci da qualche parte il sabato di Pentecoste per fare una passeggiata, cosa che abbiamo fatto anche il giorno dopo. Sono caduto dalle nuvole e sono andato alla giornata comunitaria della mia comunità la domenica di Pentecoste. Ma siccome era sempre consuetudine in giorni come questo, dopo una breve preghiera, parlare del percorso e delle proprie esperienze con esso, e che davanti a una ventina di persone, ovviamente volontariamente, dopo un po' ho iniziato. Come ho detto, avevo 57 anni e avevo parlato al telefono con Pamela prima di entrare nell'edificio. Allora ho detto che soffrivo di una malattia incurabile che poteva colpire chiunque e altre affermazioni fiorite da parte mia. Mi sono guardato intorno e, a parte le facce sconvolte, non sono riuscito a distinguere nulla. Di cosa stavo parlando? Beh, certo ci sono state domande e affermazioni, tipo: parli come un sedicenne e uno dei presenti, uno studente di 22 anni, mi ha chiesto: Edi sei innamorato, che ovviamente io non poteva negare. Un mese dopo, il 15 luglio 2017, ho immaginato che io e Pamela fossimo una coppia, sono andata a trovare mio figlio in Bassa Austria per l'ultima volta, cosa che allora non conoscevo. Dato che presto si è reso conto che ero troppo eccitato, gli ho confessato che c'era una nuova donna nella mia vita e gli ho anche mostrato una sua foto, di cui poi mi sono pentito. A quel tempo, Pamela era già in cura in Stiria. Quando è tornata, ho scoperto che un altro membro del gruppo 50+ Treff l'aveva seguita in questo luogo di cura e Pamela mi aveva portato via. Poiché anche quest'uomo non era necessariamente socievole, questa collaborazione tra Georg e Pamela era solo temporanea. Bene, ci sono stati più incontri e nell'agosto 2018 si è svolto un incontro presso un Heuriger nel 19° distretto. Alcune persone in questo gruppo, così come me, avevano avviato un gruppo su Whatsapp e ci hanno inviato foto da tutte le parti. Così questo venerdì è entrata nel gruppo una nuova donna, di nome Anna, originaria della Polonia e bella da vedere. Riusciva a ridere di cuore, il che mi ha molto impressionato. Si è anche unita al nostro gruppo su Whatsapp e poi ha continuato a fornire contributi divertenti, che hanno dato una spinta a questo gruppo. Un giorno di settembre 2017 ha pubblicato che le uve della 22° contrada erano mature e che qualcuno di questo gruppo non poteva aiutarla con la vendemmia. Aveva stanziato un giorno per questo il prossimo fine settimana. La risposta a questo è stata zero. Allora ho pensato tra me e me, perché no, vai a leggere l'uva e prendi appuntamento in 22a circoscrizione. Ho trovato davvero tanta uva che raccoglievamo durante il giorno e poi trasformavamo in sciroppo e succo la sera. Ma siccome niente "scappava" il sabato sera, il tempo è passato e quel giorno siamo diventati una coppia. A metà ottobre, dopo un mese di collaborazione, ha detto che si sarebbe sentita più a suo agio se fosse stata lasciata sola, cosa che ho dovuto accettare. Bene o no, anche quello si è sciolto, ma c'erano sempre riunioni nel gruppo e così a novembre 2017 nel 3° distretto. C'erano circa 20 persone, dove abbiamo avuto dei problemi di spazio in questo ristorante. Quando tutto fu finito, verso le 9 del mattino, io e Roman siamo scesi in strada dove erano in piedi due donne, di nome Tine e Julia. Improvvisamente Tine chiese: Cosa facciamo adesso? Ero un po' perplesso perché non mi aspettavo una domanda del genere da una donna. Bene, quindi siamo andati in un bar vicino e siamo rimasti lì per circa un'ora. Poi Tine ha scoperto che ero impegnata con i computer e mi ha detto se potevo risolvere il problema con il suo computer a casa sua, cosa che ha pensato dopo aver dato il suo indirizzo nel 14° distretto. La donna aveva circa due anni più di me e non necessariamente magra. Questa riparazione del computer o questa visita si sono trasformate in altro, anche se non mi piaceva necessariamente dall'aspetto. La maggior parte del tempo l'ho passato con lei e con lei. Aveva un appartamento nuovo, ma a quanto pare non si sentiva davvero a casa lì, per quanto ne so, perché doveva sempre uscire per comprare qualcosa o semplicemente per andare da qualche parte, era un'autista appassionata. Durante questo periodo mi ha inondato di vestiti e altre cose, e aveva sempre pagato al pub. Quando le ho chiesto che non lo volevo, perché nel frattempo avevo abbastanza vestiti nelle mie scatole, era un po' nervosa. Così un fine settimana è andato da sua sorella nel Burgenland più profondo e ha chiamato dall'auto durante il tragitto. Per me, questo è stato ciò che ha rotto il barile. Aveva deciso tutto senza consultarmi e aveva detto che poteva comprare il mio amore con un mucchio di regali. Quindi anche questo episodio era finito. Nell'estate del 2018 io e Roman siamo andati a ballare nel 1° distretto, entrambi single, conoscevamo da tempo l'evento e, soprattutto, i due organizzatori. Quando siamo arrivati lì, non c'era quasi più spazio, quindi abbiamo dovuto sederci entrambi a un tavolo dove erano già sedute due donne. Una si chiamava Graziella (genitori in parte italiani) e purtroppo non ricordo il nome della seconda. Adesso che eravamo seduti allo stesso tavolo, dovevo anche invitare le signore a ballare e così Graziella ed io ci siamo subito seduti uno accanto all'altra e lei mi ha detto che aveva dei problemi con il suo PC. Conoscevo bene l'argomento ormai e Graziella era molto più grande di me, ma confermava comunque che l'avrei vista a casa sua nel 16° distretto. Anche lì è stato lo stesso risultato di Tine, siamo venuti insieme. Aveva un contratto di locazione a lungo termine nel 17° distretto con una piccola casa nel giardino corrispondentemente grande, dove non ci si poteva muovere facilmente davanti a un numero enorme di piante e alberi. Inoltre, aveva delle viti sopra la terrazza sul tetto, dove abbiamo anche raccolto le uve e poi le abbiamo lavorate, ancora una volta un'esperienza aha. Poiché non solo era possibile muoversi in giardino, questo valeva anche per gli interni della casa e infine anche per il vostro appartamento. La partnership era quindi limitata nel tempo. Io stesso non sono esattamente uno sciocco delle pulizie, ma mi piacerebbe potermi muovere in una stanza, comunque ero abbastanza angusto nel 2012. All'inizio di novembre 2018, un sabato mattina dopo colazione ho lasciato questa connessione in una fretta. A questo punto sono caduto in un buco profondo perché dovevo chiedermi cosa stavo facendo di sbagliato. 4 donne e con tutti non ha funzionato, era il mio passato, era la mia "ricchezza"? Bene, c'è stato un altro evento di ballo alla fine di novembre un sabato 24 novembre 2018 Il mio amico Roman mi ha persuaso ad andare a questo ballo nel 2 ° distretto. Ma non me la sono sentita. Alla fine, finalmente mi ha portato così lontano. Ci siamo seduti a un tavolo con circa 8 persone. Di fronte a me vidi una donna bionda che, secondo me, era in compagnia di un signore anziano. Non avevo ballato molto quella sera dalle 18:00 alle 21:00 con musica dal vivo. Verso la fine, la signora in questione è tornata al tavolo e ha detto a Roman e a me se non volevamo proprio ballare lì. Avevo capito solo male questa affermazione e quindi non ho reagito. Roman balzò subito in piedi e andò a ballare con lei. Ora questo evento era finito e siamo andati al guardaroba. Improvvisamente questa donna, di nome Ully, era in piedi accanto a me e mi chiedeva: Vieni con me e con questo intendo Roman e me. Dopo che era sabato sera e nemmeno tardi, non mi dispiaceva venire con me, e l'ho detto anche a Roman. Anche lui ha accettato e così dopo una lunga ricerca circa 8 persone sono finite in un bar del 1° distretto. Prima di andare al guardaroba ha dato a Roman il suo numero di cellulare, che ho registrato solo marginalmente. Bene, ora abbiamo fatto sedere Ully accanto a me in questo bar e Roman ha tenuto una conferenza sullo sciamanesimo e sull'energia. Nel corso della serata si è scoperto che Ully non era venuta con l'anziano signore, ma con la sua amica Monika. Non appena ho registrato questo, ero un po' imbarazzato, cosa che mi è piaciuta della signora. Adesso Roman aveva il suo numero, ma non potevo chiederlo. Così ho preso un biglietto da visita del ristorante e ho scritto il mio numero di telefono sul retro. Quando sono uscita dal ristorante, le ho dato questo biglietto, che purtroppo anche Roman ha notato. Quindi ero nella cucina del diavolo e Ully aveva due numeri di cellulare da me e Roman. Il giorno dopo, domenica, ho aspettato per vedere cosa stava succedendo. Al mattino non è successo niente, ma alle 2 c'era il cellulare e Ully era in linea. Mi ha chiesto se non potevamo nemmeno andare a prendere un caffè. La mia risposta a questo: Immediatamente e immediatamente - hai un'interruzione nella trasmissione. Sì, deve ancora aggiustare qualcosa e mi richiamerà tra circa un'ora. Ma non è passata un'ora, solo mezz'ora e ci siamo incontrati in un caffè nel 20esimo distretto. Poi siamo andati lì al cinema e siccome non bastava siamo andati anche in un salotto al primo piano. Le ho detto, come ero abituato, tutto sulla mia vita passata, che potrebbe non essere necessariamente produttiva. All'improvviso si voltò verso di me e mi baciò sulla guancia. Da allora siamo una coppia, anche se c'è una differenza di età di qualche anno. Come mai? Perché credo che sia la migliore delle 4 donne prima.

Fine neo-cattolica

Quando mi sono unito alla borsa di studio o al percorso nel 2011, era chiaro fin dall'inizio che ci sarebbero voluti circa 30 anni per percorrere questo percorso. Ora nel 2017 in questo fine settimana di Pentecoste ho dovuto fare le mie esperienze, cosa significa l'interpretazione della partnership in questo modo e quindi mi sono un po' rimuginato. Quando mia sorella Maria della comunità si è tolta la vita nell'aprile 2018, dopo 7 anni di appartenenza, ho deciso di concludere il percorso e ho fatto lo stesso a maggio 2018 in occasione di un Vespro per i defunti. Il mio pensiero a questo proposito era che non potevo più essere d'accordo con alcuni argomenti lungo il percorso. Ciò si applicava ovviamente all'interpretazione delle partnership, nonché a come dare vita alla fede. Ora sono credente o no: a questa domanda non può e non voglio rispondere qui, soprattutto, può l'individuo stesso? Da parte mia ora cerco di vivere la fede dopo aver lasciato la comunità. Da allora sono ancora in contatto con Dio, anche se questo si esprime solo in preghiere silenziose con lui.

Clienti

Nel corso della mia vita ho avuto sicuramente diverse centinaia di clienti che tratto sempre con rispetto e cortesia, siano essi nazionali o stranieri. Per quanto riguarda la clientela all'epoca in cui vendevo giornali e riviste, ho avuto diverse esperienze negative. Dato che il 99% di loro erano sempre stranieri, non ho nemmeno dovuto guardare i miei soldi, perché le persone erano andate nel loro paese d'origine e hanno ignorato le mie richieste. I miei clienti, che sono già completamente diversi nel settore informatico, sono sempre contenti quando mi chiamano. Sai che non mi riposo finché il problema non è stato risolto e questo può richiedere tempo. Ma non ricordo un cliente dal momento in cui stavo creando software. Questo è un residente in Germania, ma di genitori diversi. Le sue tre società comprendono uno studio dentistico, un laboratorio odontotecnico e un deposito odontoiatrico. Nell'autunno del 2010, il suo dipendente del negozio di odontoiatria è venuto nel nostro negozio. Lo sfondo era che il programma di calcolo non funzionava più e mi ha chiesto se potevo aggiustarlo. Poiché quest'uomo non aveva necessariamente una conoscenza commerciale, ho scoperto che questo programma non poteva più essere salvato. Ora avevo notato che l'intera faccenda consisteva fondamentalmente in tre società con un'ampia varietà di approcci. Pertanto, come parte della nostra azienda nel distretto 20, abbiamo creato un'offerta per tutte e tre le aziende con contabilità finanziaria e di inventario, gestione delle partite aperte. Gestione call off clienti e fornitori e molto altro. L'ho presentato al capo e ha iniziato ad accettare singole parti di questa offerta ea rifiutarne altre. Ma poiché ho sempre l'ambizione di creare tutto al 100%, è stato così anche in questo caso, e ovviamente anche in considerazione del fatto che è stata presa la decisione di accettare un'altra parte della nostra offerta. Ma poiché il software non è statico, il programma è stato spesso adattato. Quindi sono andato dal suo grossista dentale fino a quattro volte a settimana per farlo, ogni volta per un ringraziamento per sette anni. Poiché i dipendenti presenti non erano necessariamente commercianti, non potevano effettuare l'inventario annuale. Ciò significa che fino all'inventario nel 2017, questo è stato effettuato da me con l'aiuto delle persone presenti lì. Ma poiché so dalla mia esperienza commerciale che una cosa del genere dovrebbe essere fatta entro un massimo di due giorni, ho avuto le mie difficoltà in questo senso. L'ultimo inventario è stato completato in più fasi entro due settimane. È stato concordato in anticipo che la fattura da noi presentata sarebbe stata pagata tre volte. Il primo importo parziale a tre cifre in euro è stato pagato, il resto è ancora aperto. L'argomento del cliente era che il mio programma non funziona, il che è fondamentalmente in contraddizione con sé stesso. Da un lato, il software ha funzionato perfettamente per sette anni e, dall'altro, lo usano ancora oggi e lo usano anche da quattro anni. Quindi siamo tornati a uno buono a 4 cifre. Persino una lettera di un avvocato che minacciava un'ingiunzione di pagamento è rimasta inascoltata. Per quanto riguarda i miei attuali clienti, di cui oggi mi occupo nell'ambito della nostra attività, lasciatemi dire che sono completamente entusiasti di me, perché sanno cosa stanno ottenendo da me. Da un lato questo non è solo l'appuntamento tempestivo, ma anche la consapevolezza del cliente che non mi arrendo finché non trovo una soluzione. Può darsi che ci voglia tempo, ma sono anche felice ogni volta che vedo che funziona. Riprendere Tu, come lettore, ora potresti pensare di aver letto che questa non è vita.

Sì, potrebbe essere, ma come già accennato, quelle erano solo le mie decisioni, che fossero giuste o sbagliate, possono sempre essere determinate solo in retrospettiva. Quindi sorge la domanda successiva, se sono felice. Ma poiché questa è una valutazione puramente soggettiva, ognuno risponderebbe in modo diverso. Sono felice. Come mai? Quando penso al periodo della mia dipendenza, non era proprio quello che si chiama vita, quindi sono felice di aver superato questo periodo. Come ci sono riuscito allora non è ancora chiaro, ma sono contento di aver superato quel periodo. Che io sia soddisfatto, come l'ho formulato nel mio primo libro, rimane senza risposta. Il motivo è che il mio migliore amico si è separato da me su sua richiesta dopo ben 10 anni, cosa che ancora oggi non capisco. Non so cos'altro la vita abbia preparato per me, ma non può succedere altro che possa scuotermi.

© 2021, Eduard Wagner
Produzione ed editoria: BoD - Books on Demand,
Norderstedt
ISBN: 9783755760795